"Todo sobre el amor...
Para no morir desde el primer intento"

Un libro para aprender amar las imperfecciones

EDUARDO YEPEZ OLIVA

Introducción

Uno de los temas que la humanidad ha tenido que lidiar desde que hizo su aparición en la tierra fue comprender los misterios, beneficios y argucias que el amor encierra en todas sus manifestaciones. La humanidad ha construido, trascurrido mucho de su historia en torno al amor y los episodios de sus actores han luchado, venerado, vivido escenas de pasión, ternura, compresión, furia, odio en nombre de esta palabra que es y sigue siendo un enigma para la afectividad del hombre, cuatro palabras que encierran mucho y que en el trascurrir de la historia del hombre marcaron guerras y conquistas desde las diversas actividades del hombre.

Muchos han perecido en sus fauces como enaltecidas en su vientre, según las consecuencias del mismo. ¿Cómo es que el amor ha influido en la historia del hombre? ¿Cómo es que entendemos el amor en toda su magnitud? ¿El amor es solo relación de pareja? ¿Se puede hablar de solo afecto? ¿Hay diferencia de género en la concepción del amor? ¿Cómo es que moviliza tanto a los seres humanos? ¿Será el amor la fuente de todos los valores del hombre?

Preguntas que me planteo y que se me vienen a la mente, pero ¿desde dónde podemos hablar o enfocar al amor? Podemos desde perspectivas religiosas, espirituales, filosóficas, antropológicas, ontológicas y epistemológicas o simplemente dese la biología, psicología, sociología puede también verse desde la experiencia empírica de dos seres que se amaron o se aman y que en muchos de los casos salieron airosos y otros murieron en su intento por conservarlo.

Estos y otros puntos me interesan poder indagar e investigar para dar una visión de 360° donde podamos describir y explicar al amor en toda su magnitud. No pretendo hacer un manual de cómo amar porque ese no es el objetivo sino de simplemente introducirnos en sus aguas y desde ellas explicarlo para que el que lo experimente no muera desde su primer intento.

Buscare presentarles diversas perspectivas y definiciones, así como investigaciones que nos lleven a meditar y entender para luego comprender lo que es el amor en todo su esplendor.

Espero que al leer sobre él puedas mejorar tu forma de amar en general. Y sobre todo convertirte en su vocero para sembrar desde tu ser la importancia de contribuir con la humanidad donde la ternura, la compasión y la bondad sean la base de su desarrollo y de cómo entender que el egocentrismo, la individualidad, el sectarismo, la exclusión y el poder nos está llevando a la eliminación de nuestra especie y de las especies que nos acompañan en nuestra existencia y coexistencia con nuestro planeta.

No sé qué descubriré sobre el amor lo único que si estoy seguro es que conjuntamente iremos descubriéndolo para luego, cada uno pueda sacar lo mejor de él y reincorporarlo a su vida para hacer de esta un digno representante del amor.

Índice

1. Introducción……………………………………………2

2. Definiendo los límites del amor……………………………5

3. Mi primer gran amor o ¿el único?…………………14

4. El universo del amor………………………………21

5. ¿Porque duele a veces amar tanto?………………27

6. Amar las imperfecciones……………………………31

7. Yo celoso nooo… pero entiende que eres MIA, MIA………………34

8. ¿Necesidad o amor?…………………………………38

9. ¿La relación se terminó…y ahora qué?…………41

10. Cuentos de amor……………………………………47

11. Conclusiones…………………………………………81

12. Bibliografía…………………………………………86

13. Apéndice: proyecto aprendiendo a amar……………87

Capítulo 1

Definiendo los límites del amor

Uno de los aspectos más complicados desde mi experiencia personal es poder definir lo que es el amor y hasta donde alcanzan sus límites. No es muy fácil decir que es el amor cuando este es uno de los enigmas más grandes del hombre puesto que no solo abarca el amor de pareja sino el amor filial, el amor parental, el amor divino, el amor espiritual. O como el valor más grande de todos los valores que el contiene y los sostiene y que el universo pleno se apoya. Por tal motivo trataremos de darle una definición desde la mirada de algunos autores para que seamos lo más objetivos posibles e imparciales y así tener un referente que nos oriente en todas las siguientes páginas con los temas que vayan saliendo a la luz.

Cuando me propuse este proyecto fue porque me llamo mucho la atención que en el nombre del amor se han cometido tantos excesos que la historia de la humanidad está llena de ellos, desde las historias de los dioses griegos, los poemas de amor, las historias de Romeo y Julieta de Shakespeare o las novelas de príncipes porque no simplemente de hermanos para defender su honor de familia, religión o de una madre que se sacrifica para que su hijo viva.

Lo cierto es que en todas estas historias y momentos subyace escondido el amor como motor de cada una de las experiencias de los humanos. El termómetro que mide las pasiones de los corazones en cada acción que el hombre se ha propuesto y se propuso hacer.

Después de haber escrito tres libros donde de alguna manera se plasma el amor en cada uno de ellos he podido ejemplificar en cada línea escrita como es que el amor puede curar las heridas del dolor, de cómo el amor nos conduce a la verdadera felicidad y de como también nos abre las puertas para llevar una vida llena de sentido. Sufrir, reír y sentido son los ejes de mis tres primeros libros escritos en tiempos distintos y contextos diferentes pero lo cierto es que en ninguno de ellos he podido lograr encontrar una definición que encierre todos estos aspectos que estoy tratando de describir.

A partir de ello se me ocurrió preguntar a unos 80 jóvenes entre las edades de 18 a 22 años de ambos géneros que me dijeran que era para ellos el amor en una palabra encontrado que al parecer hay cierta diferencia entre los géneros masculino y femenino. Para los varones el amor es algo más pasional mientras que para las mujeres implica más que una pasión un encuentro romántico. Finalmente pude descubrir que hoy por hoy no hay mucha diferencia sustancial entre ambos géneros sobre que entienden por el amor.

Estas fueron sus respuestas:

Varones:

Familia, Amigos, Relaciòn, Comprensiòn, Unión, Vincula, Sexo, Familia, Amistad Soledad, Libertad, Paisaje, Atracción, No apego, No miedo, No deseo, No dependencia, Respeto, Confianza, Equilibrio, Magia, Fantasía, tranquilidad, complemento, compromiso, verdad, paz, bien, honestidad, alegría, enamoramiento, salud, incondicional, desinteresado, permanente, pérdida de la razón, desilusión, sacrificio, ternura, romanismo, hermoso, mujer, paciente, poderoso, servicial, humildad, complemento, tolerancia, autonomía, convivencia, intimidad, virtud, compañía, madre, futbol, sentimiento, abstracto.

Mujeres:

Compresión, seguridad, Cariño, Afecto, Integraciòn, Unión, Amigos, Familia, Hijos, Entrega, Espeto, Confianza, Superación, Felicidad, Compromiso Fidelidad, Unión, Pasión Complicidad Ternura Sexo Respeto, Armonía, Sensibilidad, Pareja, Naturaleza, Sentimiento, Admiración, Comunicación, Risas, Protección, Entrega, Alegría Gozo, Solidaridad, Locura Apoyo, Compenetración, Diversión, Creer Canción, Sublime, Ilusión, Transparencia, Realista, Coraje, Compañía, traición, dedicación, dedicación, lealtad, sinceridad, empatía, placer, diversión, romanticismo, creatividad, aceptación, detalle, reciprocidad, animales, padres, amigos, hermana, profesores, sensación, esperanza, eterno, fusión de ideas, reorganización de la vida, paz, valentía. Genuino, hermoso, dulce, libre, progreso mutuo, complicidad, Sonrisa, tolerancia, pasión, paciencia, tiempo, alcohol, sexo, amabilidad, gentileza, verdad.

Como podemos apreciar que en ambos relacionan al amor como pasión y compromiso, con sacrificio y lealtad, incondicional y trasparencia. Pero lo cierto es que la pregunta persiste ¿qué es el amor? Pregunta que tiene muchas vertientes pro que tratare de ir presentándoles para que da uno se quede con la que más se acerca a su experiencia personal

Erik Fromm en su libro "el arte de amar" El libro postula principalmente que el amor es la respuesta al problema de la existencia humana, puesto que el desarrollo de éste conlleva a una disolución del estado de separación o separatividad sin perder la propia individualidad. Asimismo, estudia la naturaleza del amor en sus diversas formas: amor fraternal, amor de padre y de madre, amor a uno mismo, amor erótico y amor a Dios. El autor postula que los elementos necesarios para el desarrollo de un amor maduro son el cuidado, la responsabilidad, el respeto y el conocimiento.

Una de las teorías más tradicionales y reconocidas es por el psicólogo Stemberg que llegó a ser presidente de la APA (American Psychological association). Estudió la inteligencia, la creatividad, el amor, el odio y la sabiduría. Para el la define en tres ejes y la llamo la teoría triangular del amor:

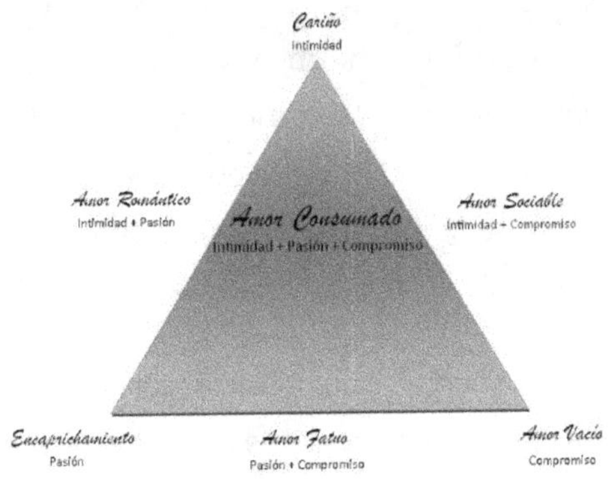

http://www.omicrono.com/2014/02/sternberg-y-su-teoria-triangular-del-amor/

Según esta referencia estos tres componentes son el compromiso, la intimidad y la pasión:

– El **compromiso** → Decidir que se quiere a alguien (más a corto plazo) y compromiso de mantener ese amor a largo plazo, suele aparecer con los otros dos componentes pero puede permanecer cuando estos desaparecen y darse solo. Implica mantener la relación en los buenos y los malos momentos.

– La **intimidad** (o cariño) → Implica cercanía, vínculo, conexión, autorrevelación hacia el otro, afecto, preocupación por el bienestar del otro, dar y recibir apoyo emocional, etc... Se compone básicamente de tres características: Compartir información personal y actividades, actitud favorable hacia el otro, por ejemplo manifestar afecto y sentimientos positivos hacia el otro y beneficiarles, y por último, comunicar ese afecto con contacto físico y verbalizaciones.

– La **pasión** → Gran deseo sexual o romántico acompañado de excitación psicológica, es un deseo intenso de unión con el otro. Atracción física como parte fundamental. Pero la pasión también puede aparecer de otra forma como deseo de compartir algo con el otro sin ser sexual, entre familiares por ejemplo.

Según Walter Riso para él hay existen cuatro pilares del amor

Amar sin perderse a uno mismo. El amor verdadero requiere ser auténticos y amarnos primero a nosotros mismos, pero siempre en compañía del otro.

Amar sin obsesiones. Existe un amor obsesivo, apasionado, excitante, que arde rápido... pero igualmente se consume enseguida. Y después existe un amor sereno menos explosivo pero cuya temperatura se mantiene estable, cálida. Es un tipo de amor que se disfruta con intensidad, aunque sin perder la cabeza ni sufrir continuas crisis.

Amar sin miedo a perder. Ni en el amor ni en la vida hay certezas absolutas ni finales perfectas. Amar es arriesgarse a que nos rompan el corazón.

Amar con plena libertad. El amor dependiente es el que "necesita" a la persona amada, mientras que el amor verdaderamente generoso consiste en elegir a nuestro compañero o compañera de vida por quién es, incluso si no estamos de acuerdo en su forma de pensar o de hacer ciertas cosas. Líneas sacadas de la página http://consejosamor.about.com/od/Atraccion/fl/Los-cuatro-pilares-del-amor-verdadero-seguacuten-Walter-Riso.htm

Pero Walter Riso nos habla también en su libro "ama y no sufras" de tres momentos del amor: el amor de eros, del ágape y del filin donde cada uno refleja los estados por lo que una pareja pasa en una relaciòn.

Hay una oración de la Gestalt teoría humanista de Fritz Perls que podíamos adjudicarla en esta definición del amor y dice así:

"Yo soy yo y tú eres tu
Yo no estoy en este mundo para cumplir tus expectativas y,
Tú no estás en este mundo para cumplir las mías.
Tú eres tú y yo soy yo.
Si en algún momento o en algún punto nos encontramos,
y coincidimos, es hermoso.
Sino, pocas cosas tenemos que hacer juntos.
Tu eres tú y yo soy yo"

Podemos inferir que el amar implica una independencia del uno hacia el otro como también nos habla Claudio García Pintos doctor en psicología en uno de sus libros "de la vida fugaz" nos habla sobre el sentido del amor entre otras cosas y resalto unas de sus líneas "Pero lo cosechado en la vida, todo lo logrado y llevado a buen término lo realizado por el amor, las posibilidades positivas del mundo realizadas n nosotros y por medio de nosotros no pueden ser destruidas" Él también nos plantea la pregunta que muchas veces la he planteado en mis clases de la universidad Privada del Norte ¿es que te amo que te necesito o es que te necesito que te amo?

Que nos dice Aristóteles sobre el amor él lo define como querer el bien para el otro en cuanto otro. Es decir, que es un acto de voluntad el desear el bien al otro no para mí sino para el otro.

Paltón sostenía que el verdadero amor era el amor a la sabiduría, al conocimiento, entonces el amor platónico no es el amor al ideal de una persona sino el amor por conocerla y saber de ella. Además, nos dice que la belleza del cuerpo no se centra en el cuerpo mismo sino en el reflejo imagen de la belleza espiritual, por lo tanto el alma humana debe aspirar a conocer y amar esa belleza esencial.

Referencia http://es.slideshare.net/deptofilo/el-amor-para-platn-presentation

Para Max Scheler filósofo alemán entre los años 1874 al 1928 concibe al amor como la fuente de la actividad ética, como la tendencia o el acto que intenta dirigir todas las cosas en la dirección de su perfección de valor que le es propia y las dirige cuando no hay impedimentos, la acción es edificante y constructiva en el mundo y sobre el mundo es la esencia del amor. El ser humano es abierto y no se puede concebir como un yo cerrado en sí mismo esta para y orientado hacia el valor y el valor de todos los valores es el amor.

Viktor Frankl: *El sentido del amor* **El amor constituye la única manera de aprehender a otro ser humano en lo más profundo de su personalidad.** Nadie puede ser totalmente conocedor de la esencia de otro ser humano si no le ama. Por el acto espiritual del amor se es capaz de ver los trazos y rasgos esenciales en la persona amada; y lo que es más, ver también sus potencias: lo que todavía no se ha revelado, lo que ha de mostrarse. Todavía más, mediante su amor, la persona que ama posibilita al amado a que manifieste sus potencias. Al hacerle consciente de lo que puede ser y de lo que puede llegar a ser, logra que esas potencias se conviertan en realidad. En logoterapia, el amor no se interpreta como un epifenómeno3 de los impulsos e instintos sexuales en el sentido de lo que se denomina sublimación. **El amor es un fenómeno tan primario como pueda ser el sexo.** Normalmente el sexo es una forma de expresar el amor. El sexo se justifica, incluso se santifica, en cuanto que es un vehículo del amor, pero sólo mientras éste existe. De este modo, el amor no se entiende como un mero efecto secundario del sexo, sino que el sexo se ve como medio para expresar la experiencia de ese espíritu de fusión total y definitiva que se llama amor. http://psicopsi.com/El-sentido-del-amor

Según Freud: la manera en la que cada uno ha sido querido, el lugar que ha ocupado en el seno familiar (o sea, en el juego tripartito que se establece en la relación madre-padre-hijo), más la relación con los objetos que lo han satisfecho en la infancia, todo esto, establece una matriz de relaciones que dará cuenta de sus elecciones amorosas en la vida adulta posterior, tanto del lugar que ocupará en la pareja, como de los objetos que le darán satisfacción, y esta matriz amorosa, se repetirá a la manera de un clissé con cada nuevo objeto que aparezca. http://www.revistafacultades.com.ar/notas/305-el-psicoanalisis-y-el-amor.htm

El Psicoanálisis y el amor:

"El amor implica establecer un lazo con el otro que aloje la singularidad del ser amado. Se trata de escoger a uno entre muchos y es por eso que no puede ser sostenido solo por ideales estéticos. Está siempre más cerca de la falla que de la perfección. Ahí donde uno y el otro vacilan, en ese agujero, es posible que se realice algún tipo de enlace.

http://www.revistafacultades.com.ar/notas/305-el-psicoanalisis-y-el-amor.htm

El Papa Francisco dice: "El amor cristiano, del que habla San Juan en su Evangelio, es un amor concreto, explicó el Papa Francisco esta mañana en la homilía de la Misa que presidió en la capilla de la Casa Santa Marta. Sobre este tema, precisó que este amor "¡no es el amor de las telenovelas!... El Papa comentó que el amor no es solo algo bonito que sentir y clamó: "¡Miren que el amor del que habla Juan no es el amor de las telenovelas! No, es otra cosa. El amor cristiano tiene siempre una cualidad: la concreción. El amor cristiano es concreto". Francisco insistió luego: "si tú tienes el corazón endurecido tú no puedes amar y piensas que el amor es eso de imaginarse cosas. No, el amor es concreto". Y esta concreción, añade, se funda sobre dos criterios: "Primer criterio: amar con las obras, no con las palabras. ¡Las palabras se las llevó el viento!'. Hoy están, mañana no están".

"Segundo criterio de concreción es: en el amor es más importante el dar que el recibir. El que ama da, da… Da cosas, da vida, da sí mismo a Dios y a los demás. Sin embargo, quien no ama, quien es egoísta, siempre busca recibir, siempre buscar tener cosas, tener ventajas. Permanecer con el corazón abierto, no como estaba el de los discípulos, cerrado, que no entendían nada: permanecer en Dios y Dios en nosotros; permanecer en el amor".

Recuperado de: https://www.aciprensa.com/noticias/papa-francisco-el-amor-cristiano-no-es-el-amor-de-las-telenovelas-93119/

Como podemos apreciar el amor refleja dos aspectos importantes, por lo que se ha revisado, uno es el amor dirigido hacia uno mismo y el otro es dirigido hacia el prójimo. También vemos los diferentes tipos de amor: el amor a Dios, a los santos a un dios de cualquier teología, el amor de pareja, el amor a los hijos a los padres, el amor a los amigos a la naturaleza a la vida, en fin todo sentimiento que evoque un valor apreciativo profundo hacia algo concreto o no.

Entonces que podemos decir para responder a nuestra pregunta inicial ¿qué es el amor? Considero que después de mirar un poco algunas de las definiciones podríamos decir que el amor es el valor de los valores, es el sentimiento más puro que tienen los seres humanos por sí mismos y por alguien cercano, es el vínculo más saludable entre dos, si hablamos de parejas o amigos, o más personas, cuando se trata del vínculo con un Dios.

Pero si hablamos del amor de pareja es el valor más elevado del sentimiento que surge entre dos personas que les permite crecer y cocrear, y concrear y construir un proyecto de vida, respetando sus historias, sus creencias y costumbres, para construir sobre éstas un "nosotros" que está formado por un "Yo" y un "Tú".

Pero mi estimado lector te dejo a ti esta tarea de definir según tu propia existencia lo que para ti es el amor. Yo ya lo hice líneas arriba, ahora te toca a ti poder darle un cuerpo al concepto del amor, espero que las definiciones compartidas de algunos psicólogos te puedan ayudar a encontrar tu original definición, pero eso si según la definas es que amas y como amas defines al amor. Sera un arte como lo dice Eric Fromm que hay que cultivar, entrenar, pulir y practicar, te pregunto ¿cómo fue tu primer amor? ¿Qué fue enamoramiento o ilusión? ¿Será lo mismo amor que enamoramiento? ¿Mi primer amor fue el único o solo el primero de muchos más? Solo te pido que

reflexiones sobre estas preguntas para que puedas darle una adecuada
definición a lo que es el amor

Capítulo 2

Mi primer gran amor o ¿el único?

Quisiera iniciar este capítulo con un fragmento de una novela que lleva por título el templado de Jorge Eslava *"El autor del libro (Jorge) que fue profesor de literatura de joven, encontró un diario y en su interior tenía un pequeño corazón, las páginas estaban enumeradas. El autor decide publicarlo tributo a esos jóvenes que sufren por amor. El diario que entrego el profesor a la editorial contenía 99 páginas y que fueron arrancadas las páginas 85 y 86. Esto fue la nota del editor…*

…El personaje principal (Diego) se envuelve en la poesía con la inspiración de Bécquer y su primer poema que leyó de él:

Por una mirada, un mundo
Por una sonrisa, un cielo
Por un beso… yo no sé
¡Qué te diera por un beso!

Recopilado de: *http://www.colgadodelalectura.com/ebook/templado/*

Quise recoger este poema porque cuando yo trabajaba en un colegio allá por los años 90 me dio por devorar la biblioteca del colegio porque encontré un tesoro lleno de historias de diversos autores y me llamo mucho la atención este libro que en ese entonces figuraba con el nombre del enamorado y narra la historia de un joven que sufre por amor donde cada día soñaba con estar a su lado. En fin historia que luego te sugiero que la leas. Pero la razón de colocarlo al inicio de este capítulo es para ir respondiendo al nombre de esta parte "mi primer gran amor o ¿el único?" quien no ha transitado por el camino del amor y tuvo un inicio muchas o en la mayoría de ellos muy hermoso solo algunos o la minoría diría que su inicio no fue nada grato más bien fue desbastador que les dejo heridas muy grandes y cicatrices que nunca se borraron.

Pero el tema no lo quiero abordar desde esa vereda sino más por el contrario narrar las historias es de aquellos que su primer encuentro con el amor fue algo maravilloso que les dio las pautas para transitar el difícil camino del amor. Pero el primer gran amor es amor o es encantamiento, fascinación enamoramiento puro.

A la edad de la pubertad donde se inicia la atracción hacia el otro sexo surge unas sensaciones que muchas veces a esa edad no se pueden explicar solo se viven y se consideran tan reales que son la manifestación pura del amor entre dos jóvenes que se cautivan uno al otro. Pero que también se vuelven extremadamente posesivos o ilusorios porque el atreverse a declarase es todo un reto en esas etapas de la vida donde aún está en juego el cambio físico la maduración psicológica y el impacto en el mundo social.

Así como el libro el templado muchos jóvenes me contaron que soñaban con la chica de sus sueños que estaba en su salón o en otro salón pero que ellas jamás sabían que ellos existían solo se conformaban con verlas pasar admirarlas y soñar que eran sus enamorados. La verdad es que el amor platónico en esas edades es muy fuerte y se tejían historias de héroes al rescate de sus damiselas y así trascurrían los meses hasta que un rayo los bajaba de su nube y los hacia aterrizar para luego arriesgar la vida en el intento de la declaración a una chica más real y al alcance de ellos.

Pero que sucedía con la jovencitas también habían esos amores platónicos de chicos más grandes que ellas en edad y grado de estudios que para ellas sucedía lo contrario, ellas no estaban en su lista de posibles candidatas porque aún eran muy mocosas, pero ellas se sentían tan mujeres como sus rivales más mayores. No sé pero creo que las mujeres tienen el pensamiento mágico que las hace soñar con el príncipe azul de su vida aquel que es el mejor de todos los más fuertes, valientes y que las rescata de sus más profundos miedos.

Bien hemos hecho una introducción a ese gran primer amor o tal vez el único pero lo cierto es que digan lo que digan los expertos para mí el primer amor nos marca para toda la vida. Una marca que puede marcarnos la ruta del sendero del amor o amores futuros. ¡¡¡Cuando eh dialogado con algunas personas sobre su primer amor lo primero que recibo es un ahhh!!! Y por segundos ciento que se trasladan a ese momento que no se si fue mágico o no lo, cierto que dejo una huella aquí encontré en la web una carta de amor al gran amor de su vida y deseo compartirla con mis lectores:

Recuperada de http://concursocartasdeamor.com/el-primer-gran-amor-de-mi-vida/ :

"Para el primer *Gran Amor* de mi vida.

Es extraño escribirte una carta, luego de tantos años sin hacerlo. Al momento de sentarme a escribir, no me venía nada a la mente, mis manos no se movían, mi cabeza daba mil vueltas pasando por todos mis recuerdos e imaginando escenarios que no he vivido, para traer algo de inspiración. Nada venía. Abrí una gaveta donde guardo lo que considero yo, valioso e importante, de aquellas personas que han pasado por mi vida. Apenas abrí la gaveta, encontré aquella carpeta donde guardé todo lo nuestro, casi no cierra. No me acordaba de todo lo que fuimos, nuestra historia es un tanto atípica. No conozco a nadie que haya conocido a una pareja por un juego de rol en Internet (Tibia, en nuestro caso). Y no sólo conocí a una pareja, sino a mi primer *Gran Amor* de mi vida. El caso es que leí las cartas que me escribiste y, de repente, me trasladé a esa época. Nadie me ha dado tantas cartas como tú, tantos regalos como tú, nadie me ha amado de aquella manera tan loca, impulsiva y sincera, como tú.

No todos tienen el privilegio de vivir un primer *Gran Amor*. Nosotros tuvimos la dicha de sentirlo y aprender de ello. Te amé, era la primera vez que sentía algo tan fuerte por una persona ajena a mi familia. Éramos felices; ese amor es difícil de conseguir a estas alturas, porque ya las personas tienen experiencias y saben cómo reaccionar a ciertas situaciones, saben cómo no deben actuar, qué deben decir o hacer. En cambio, cuando se ama por primera vez, experimentas sentimientos que jamás has tenido, te enfrentas a situaciones que ponen a prueba tus fortalezas y debilidades, conoces ese lado de ti que no conocías... vas aprendiendo cada día más y nunca dejas de aprender.

Personalmente, me siento feliz de haber amado como te amé, de haber vivido lo que viví contigo. Sé que nos agradeceremos de por vida, porque a pesar de no estar juntos el día de hoy, aprendimos tantas cosas que una persona, a esa edad, no suele aprender. Nos enfrentamos a escenarios fuertes donde se puso a prueba nuestra inmadurez, nuestra locura, nuestra inocencia... y nuestro amor.

No sé cuántas personas han vivido un primer *Gran Amor*. Sé que las que lo han hecho, pueden sentirse identificadas. Hoy en día, mi primer *Gran Amor* es mi amigo, podemos salir y hablar de la vida, recordar aquellos buenos tiempos en donde sentirse feliz era tan sencillo, donde los problemas parecían solucionarse solos, donde un simple **"buenos días mi cielo"** te colocaba una gran sonrisa en el rostro.

Las personas solemos olvidar la época del primer amor, yo digo *"¡VAMOS A REVIVIRLA!"*. El amor no es complicado, es lo más puro, sencillo y sincero que podemos sentir. Volvamos a ese amor inocente, dejemos que él sea nuestros pies y nos dirija a su conveniencia, dejándonos llevar por los sentimientos.

Tú y yo, luego de nuestra separación, tomamos rumbos distintos, fue difícil acostumbrarse a no estar contigo. Hoy en día, entiendo, que siempre lo mejor es lo que pasa. Ninguno de nosotros sería lo que es hoy en día, si no hubiésemos vivido todo lo que vivimos.

Eres y siempre serás mi primer *Gran Amor*. Contigo aprendí y crecí, y siento que estamos unidos en alma de una manera única. Nos admiramos mutuamente y hoy te digo: **"Te Amo"**. No como aman las parejas, sino como se ama a un familiar o un amigo muy querido, porque la vida nos unió en determinado momento y me brindaste una de las mayores felicidades así como una de las mayores tristezas, y aprendí a sentir, conocí lo que era estar en una relación de pareja, te conocí y me conocí a mi misma.

Sé que muchos sonreirán al recordar ese sentimiento del primer gran amor, porque yo sonreí al recordarlo.
A brindar por todos los primeros *Grandes Amores* que existen en el mundo!,

ellos conocen el amor en su más puro significado.
Y te doy las gracias, a ti, otra vez".

P.D. *"Mi Tesorito de Cristal"*.   PUBLICADO EL 28/02/2013

Que hermoso es poder leer y percibir las diversas emociones, sentimientos y anhelos de una persona que vivió ese gran amor de su vida, pero la pregunta es ¿por qué el primer gran amor no se olvida? Considero que hay muchos factores como cuando uno es adolescente y ve en este amor una serie de oportunidades maravillosas como el primer beso, el compartir con ese otro tu vida, tener un confidente, el quemar la etapa de la infancia o la pubertad, el sentirse libres, más maduros libres del cuidado de los padres. Como menciona este articulo el cual refiere y da respuesta a la pregunta planteada:

"Cuando se ama por primera vez se despiertan diversos sentimientos que nunca antes se había sentido por nadie. La persona enamorada se vuelve más accesible, ve las cosas de diferente manera, irradia buen humor, presenta un mejor ánimo y hasta su autoestima se eleva.

Con el primer amor también se experimentan sensaciones como sentir cosquilleos por todo el cuerpo, estremecerse con el primer beso, la primera caricia, o las primeras palabras de amor. Como se dice, el amor enceguece, y todo parece justificable.

Para las chicas y chicos esta nueva experiencia de ilusiones y emociones, que a veces los suele desbordar en sus demostraciones de afecto o en el tiempo que comparten con su nueva pareja, puede preocupar un poco a los padres porque de repente ven que sus hijos están flotando en las nubes pensando solo en el enamorado o la enamorada.

Esta es una etapa en la vida de los jóvenes donde el noviazgo se convierte en la máxima ilusión y aspiración, que a su vez llega con sus pros y sus contras, en el sentido que los adolescentes comienzan a afiliarse más con sus pares y la opinión que derive de ellos pesará más que la de sus padres. De ahí que surjan los primeros conflictos, discusiones y problemas con sus progenitores.

El adolescente o la adolescente sienten que ha dado un gran paso en su vida. Atrás queda la infancia al lado de papá y mamá para dar paso al nuevo amor y ubicarse en un nuevo contexto donde se sienten más crecidos, más seguros, y también más vulnerables.

Si bien el primer amor representa un cambio significativo en la vida de cualquier adolescente, también se debe tener en cuenta que este es un periodo de grandes contrastes, de emociones fuertes, de inseguridades y de incertidumbres. Por eso, es vital tener una buena comunicación entre padres e hijos para sobrevivir a las turbulencias de la adolescencia.

Los adolescentes experimentarán las primeras manifestaciones de celos, pues el sentido de pertenencia será muy fuerte y ante una traición o desilusión, sentirán rabia, enojo, frustración, impotencia o depresión, estados de ánimo que antes, quizás, no habían experimentado.

El primer amor, y las primeras experiencias acumuladas durante esa etapa de la juventud, será la mejor referencia para las futuras relaciones. Muchas veces el primer amor dura toda la vida; en otros casos, deberán pasar por nuevas experiencias con otros chicos o chicas hasta encontrar a la persona con quien querrán compartir su vida por siempre.

Esta es también una oportunidad para que los padres y madres puedan conversar con sus hijos e hijas, ampliarles la información, dilucidar cualquier duda que pudieran tener; y sobre todo, de estar presentes para orientarlos y/o disciplinarlos en este tema del primer amor".

Fuente: http://www.rpp.com.pe/2013-02-01-el-primer-amor-en-la-adolescencia-notic...

Recuperado de la página web. http://informe21.com/amor/%C2%BFpor-que-dicen-que-el-primer-amor-nunca-se-olvida

Como podemos deducir de todo esto el primer amor nos lleva al sendero del amor en general no solo de la pareja sino del amor por todo lo que existe en la tierra. Creo que el primer gran amor de todos es cuando nacemos y tenemos contacto con el ser que nos dio la vida nuestra madre y que cuando podemos identificarla, sin entender aún nada, sabemos que nos proporciona seguridad, abrigo, calor, afecto y alimento es allí donde sentimos lo mágico del amor en toda su magnitud y esplendor, es cuando en el seno de la familia comenzamos a definir bien o mal lo que significa amar, no amar o amar mal. Por los ejemplos que recibimos y los mensajes que nos implantan, agregamos a este primer círculo que es de la familia el círculo social donde reafirman lo aprendido en la familia o lo contradicen permitiéndonos ir formando un juicio acerca de lo que se nos va diciendo y que luego lo vamos experimentando.

De allí podemos inferir el impacto que puede tener ese primer gran amor que nos rescata del primer círculo cuando solo hay mal amor o nos empuja a reafirmarlo en esa primera ilusión del primer gran amor de la vida. Lo cierto es que sucede una reacción especial hasta diría química de dos almas que se encuentran en un momento de sus caminos que puede ser un instante o para toda la vida como lo afirma Carl Jung en una de sus frases *"El encuentro entre dos personas es como el contacto de dos sustancias químicas si hay reacción ambas se trasforman"* recuperado de: http://www.upsocl.com/creatividad/22-frases-de-carl-jung-que-te-ayudaran-a-entenderte-a-ti-mismo-y-a-los-demas/

Si podemos decir que ese primer gran amor nos va a marcar de manera positiva o negativa si hay trasformación o no, si nos encontró en un momento de nuestra vidas donde la soledad era nuestra mejor compañía o que estábamos saliendo de una situación muy difícil pero ese encuentro, esa mirada, esa sensación que solo la podrán recordar a aquellos que por primera vez las miradas cómplices se cruzaron y definieron sus vidas. Eso es el primer gran amor. Pero ¿fue el único? O ¿es que solo fue un instante en el largo tiempo de nuestra existencia? Muchos me han dicho que ese primer gran amor fue tan mágico que los siguientes no fueron como esperaban, algunos y algunas me manifiestan que maduraron y que fue el siguiente un amor más maduro, de matices diferentes, no saben por qué pero lo sienten así.

Otros en cambio, me manifiestan que es, fue y será el único de su vida, que aprendieron de él todo lo que ahora en la actualidad le permite amar, expresarse y vivir. Quiero terminar con unas palabras de una mujer que amo y que vivió al lado de un gran hombre que vivió la experiencia del holocausto que fueron recopiladas por una gran amiga Sandra barbero en su visita a Viena para un congreso y donde conoció a la esposa de este gran hombre Viktor Frankl ella es Eleonore:

"Crecí en una familia muy pobre, no tenía nada, me fui muchas noches a la cama muerta de hambre. Pero lo que recibo es un amor infinito por parte de Viktor. Mi tiempo con Viktor fue un regalo. Aunque no tenía vacaciones, no paseaba, no iba al teatro, lo acompañaba en todo, renuncie a muchas cosas. Mi hobie era si él se levantaba temprano yo también. Cada día y cada minuto fue un regalo. La experiencia ha sido increíble"

Compartido por la doctora Sandra Barbero-directora del Instituto Peruano de Logoterapia Viktor Frankl. En Lima Perú.

Capítulo 3

El universo del amor

Cuando nos referimos al tema del amor es más que una palabra es todo lo que abarca nuestra existencia y la existencia misma, considero que la vida misma fue concebida desde el amor, aunque algunos no lo vean así, por eso en considerado dar un espacio dentro de estas páginas para hablar de este basto universo que conforma el amor.

Tratare de abordarlo desde la mirada de diversos autores, psicólogos, filósofos y eruditos en la materia incluidos los escritores contemporáneos que con su mirada nos permitirán tener mayores argumentos para seguir definiendo al amor. Donde muchas de las historias humanas se han visto envueltas en las diversas facetas en donde el amor nos ha puesto en evidencia, culpándolo de felicidad, asesinatos, hurtos, engaños, para cumplir sus propósitos que en definitiva no son justificables pero que el hombre lo ha puesto como la razón de sus actos.

En nombre del amor se han cometido, como menciono, muchas aberraciones injustificables, como cuando de decimos "porque te amo es que no te dejo que seas feliz", pero bien vamos a dar inicio a la descripción de este universo que no se si tenga limites o no pero lo único cierto es que el amor fue, es y será el motos de la vida.

"El amor no es un sentimiento que se adhiere al Yo de manera que el Tú sea su contenido u objeto; el amor está entre el Yo y el Tú. Quien no sepa esto, y no lo sepa con todo su ser, no conoce el amor, aunque atribuya al amor los sentimientos que experimenta, que siente, que goza y que expresa."

Martin

Buber

"AMOR PLATÓNICO Sostenía que el verdadero amor es el amor a la sabiduría, al conocimiento, por lo tanto, el amor platónico no es el amor al ideal de una persona sino el amor a conocerla y por saber de ella. Mientras que la belleza del cuerpo no se halla en el cuerpo mismo, sino que es la imagen o reflejo de la belleza espiritual, por lo que el alma humana debería aspirar a conocer y amar esa belleza esencial. Hoy en día, llamamos "amor platónico" a aquel que consideramos de manera inalcanzable, el que por diversas circunstancias no se puede materializar; en él puede haber un elemento sexual que se da de forma mental, imaginativa o idea listica y no de forma física. Se manifiesta como una necesidad de tener lo ideal sin que sea real. Según Platón Según la sociedad". http://es.slideshare.net/deptofilo/el-amor-para-platn-presentation

"El amor –sostiene Scheler, es querer el bien, sea para uno mismo, sea para los demás". De ahí que él asocie el amor con el bien. ¿Por qué razón? Primero, porque el bien es la expresión concreta del valor, que es universal. Segundo, debido a que el bien constituye el fin del hombre, que posee el valor de la libertad ante los "bienes concretos", a diferencia del bien universal."

http://www.scielo.org.ve/scielo.php?script=sci_arttext&pid=S0798-11712003000200003

"Aristóteles, el amor, la amistad, la sociedad Los hombres, en su mayoría, motivados por una especie de ambición, prefieren ser amados más que amar

ellos mismos. Por esta razón les agradan los aduladores, que son los que les hacen creer que son superiores. Ser amado se puede decir que también significa ser estimado, que es lo que quieren generalmente casi todos los hombres. Amar entonces es la virtud de los amigos y esta amistad será duradera y sólida mientras ambos tengan el mismo mérito".

Lee todo en: Aristóteles, el amor, la amistad, la sociedad | La guía de Filosofía
http://filosofia.laguia2000.com/filosofia-griega/aristoteles-el-amor-la-amistad-la-sociedad#ixzz4VT7d1uuj

"Santo tomas de Aquino y La ley del amor divino es la regla de todos los actos humanos "Es claro que no todos pueden dedicarse a la ciencia con esfuerzo y por eso Cristo ha dado una ley sencilla que todos la puedan conocer y nadie pueda excusarse por ignorancia de su cumplimiento. Esta es la ley del amor divino: Porque pronta y perfecta-mente cumplirá el Señor su palabra sobre la tierra (Rm 9, 28; Is 10, 23) "Esta ley debe ser la regla de todos los actos humanos. Del mismo modo que sucede en las cosas artificiales, donde una cosa se dice buena y recta cuando se adecua a la regla, de la misma manera, pues, cualquier acción del hombre se llama recta y virtuosa cuando concuerda con la regla divina del amor, mien-tras que cuando está en desacuerdo con ella no es ni recta, ni buena, ni perfecta". "Esta ley, la del amor divino, realiza en el hombre cuatro cosas muy deseables. En primer lugar es causa en él de la vida espiritual; es claro que ya en el orden natural el que ama está en el amado, y del mismo modo, también el que ama a Dios lo tiene al mismo dentro de sí: Quien permanece en el amor permanece en Dios y Dios en él (1 Jn 4, 16) Es propio también naturalmente en el amor que, el que ama, se transforme en el amado; así, si amamos a Dios nos hacemos divinos: El que se une al Señor es un espíritu con él (1 Co 6, 15) Y como afirma san Agustín: «Como el alma es la vida del cuerpo, así Dios es la vida del alma.» Paralelamente el alma obrará virtuosamente y perfectamente sólo cuando actúe por la caridad, mediante la cual Dios habita en ella; en cambio, sin caridad, no podrá actuar: El que no

ama permanece en la muerte. (1 Jn 3, 14) Si alguien tuviera todos los dones del Espíritu Santo, pero sin la caridad, no tiene la vida. Sea el don de lenguas, sea la gracia de la fe, o cualquier otro, como el don de profecía, si no hay caridad, no dan la vida. (1 Co 3) Aunque al cuerpo muerto se lo revista de oro y piedras preciosas, no obstante, siempre estará muerto. En segundo lugar, es causa del cumplimiento de los mandamientos divinos. Dice san Gregorio que la caridad no es ociosa: si se da, actuará cosas grandes; pero si no se actúa es que no hay allí caridad". "Lo que hace la caridad en tercer lugar es ser una defensa en la adversidad. Al que posee la caridad ninguna cosa adversa lo dañará, es más, se convertirá en utilidad: A los que aman a Dios todo les sirve para el bien (Rm 8, 28); aún más, incluso al que ama le parecen suaves las cosas adversas y difíciles, como entre nosotros mismos vemos tan manifiestamente. En cuarto lugar, la caridad lleva a la felicidad; únicamente a los que tienen caridad se les promete efectivamente la bienaventuranza. Todas las demás cosas, si no van acompañadas de la caridad, son in-suficientes. Además, es de saber que la diferencia de bienaventuranza se deberá únicamente a la diferencia le caridad y no en comparación con otras virtudes."
De los Opúsculos teológicos de santo Tomás de Aquino, presbítero (In duo praecenta... Ed. J.P. Torrel, en Revue des Sc. Phil. et Théol. 69 [1985] pp. 26-29)   http://www.vatican.va/spirit/documents/spirit_20010116_thomas-aquinas_sp.html

Juan pablo II "El hombre no puede vivir sin amor. Él permanece para sí mismo un ser incomprensible, su vida está privada de sentido si no se le revela el amor, si no se encuentra con el amor, si no lo experimenta y lo hace propio, si no participa de él vivamente. El amor se siente, no se ve; el amor silencioso es el más fuerte de todos" http://www.crhoy.com/archivo/25-frases-inolvidables-de-juan-pablo-ii-mensajero-de-paz-v1l1x/mundo/

La teoría triangular del amor del psicólogo estadounidense Robert Sternberg caracteriza el amor en una relación interpersonal según tres componentes diferentes: intimidad, pasión y compromiso: La intimidad, entendida como aquellos sentimientos dentro de una relación que promueven el acercamiento, el vínculo, la conexión y principalmente la autorrevelación. O dicho de otra forma el afecto hacia otra persona que surge de los sentimientos de cercanía, vínculo afectivo y relación, implica el deseo de dar, recibir, compartir…La pasión, como estado de intenso deseo de unión con el otro, como expresión de deseos y necesidades, gran deseo sexual o romántico acompañado de excitación psicológica. La decisión o compromiso, la decisión de amar a otra persona y el compromiso por mantener ese amor. Este componente implica mantener la relación en los buenos y en los malos momentos"

https://psicologiaymente.net/pareja/teoria-triangular-amor sternberg?utm_source=dlvr.it&utm_medium=facebook

"Para Walter Riso, una pareja se quiere cuando les une "el sentido de la amistad y del humor, la comunicación, la alegría de que el otro exista, los proyectos en común, una buena vida social, el compañerismo, la confianza mutua, la certeza de que la otra persona nunca te hará daño intencionadamente, cuando su dolor te duele, cuando hay ternura entre ambos y tienen complicidad y proyectos en común". Así m ismo este profesional de la terapia cognitiva ha escrito dos libros sobre el amor uno titulado "ama y no sufras" y "manual para no morir de amor" donde hace referencia de los conceptos sobre amar, sus ciclos y de los estilos según la óptica el autor, el cual recomiendo personalmente. http://www.efeestilo.com/noticia/walter-riso-amar-significa-hacer-el-amor-con-tu-mejor-amigo/

"Erik Fromm en "el arte de amar" El autor postula que los elementos necesarios para el desarrollo de un amor maduro son el cuidado, la responsabilidad, el respeto y el conocimiento" El libro postula principalmente que el amor es la respuesta al problema de la existencia humana, puesto que el desarrollo de éste conlleva a una disolución del estado de separación o separatividad sin perder la propia individualidad. Asimismo, estudia la naturaleza del amor en sus diversas formas: amor fraternal, amor de padre y de madre, amor a uno mismo, amor erótico y amor a Dios. El autor postula que los *elementos necesarios para el desarrollo de un amor maduro son el cuidado, la responsabilidad, el respeto y el conocimiento. En el capítulo tres Fromm realiza un análisis del amor y su significado en la sociedad actual, con base en el cual llega a la conclusión de que el modo capitalista de producción tiende a enajenar al hombre y a imposibilitarlo -al menos socialmente- para amar.*

https://psicologiaymente.net/pareja/teoria-triangular-amor-sternberg?utm_source=dlvr.it&utm_medium=facebook

http://www.angelred.com/biblioteca/erich-fromm-el-arte-de-amar.pdf

Como podemos ver el concepto del amor varia en sus contenidos, pero en su forma guardan esa relación que existe entre dos seres humanos y la segunda podríamos afirmar sobre el valor universal que pertenece al legado de la humanidad y al de la creación de la naturaleza como tal.

La vida nos pone diversas formas de ejemplos sobre lo que el amor nos presenta, pero lo que si no podemos negar las consecuencias positivas y negativas en peste pleno siglo XXI como lo dijimos líneas arriba en el nombre del amor se vienen cometiendo muchos actos que merecen ponerlos en los altares por su magnitud de demostración de calidez, afecto y mucha empatía y altruismo. Pero por otro lado se viene registrando hechos deplorables contra otros seres humanos que se juraron amor y respeto termina en la lista de feminicidios, abusos y maltratos de todo tipo. Considero que el amor es el valor más preciado, pero al mismo tiempo para ciertas personas con daño afectivo lo usan como su escudo desnudándolo y degradándolo al más bajo escalos de los antivalores muy cerca del odio, el rencor y la venganza y que su mejor aliado, es en destructor peo también es el que comparte la creación de la vida porque gracias a él la vida se renueva con amor para así mantener la luz de los códigos genéticos, espirituales y energéticos. Me refiero a la muerte, que como lo dijo Steve Jobs en uno de sus discursos *"la muerte es el mejor invento de la vida"* .Pero cuando este se da de forma natural como producto del cumulo de años, enfermedad terminal pero no cuando es usado como arte para exterminar o eliminar a alguien de la fase de la tierra. Eso en definitiva NO ES AMOR.

Capítulo 4

¿Por qué duele a veces amar tanto?

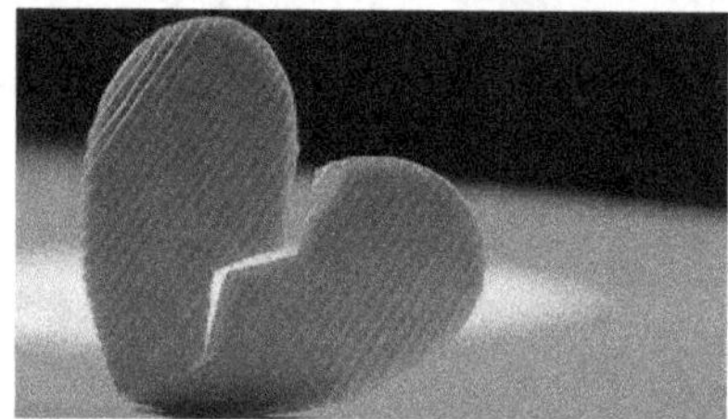

Porque te tengo y no porque te pienso
porque la noche está de ojos abiertos
porque la noche pasa y digo amor
porque has venido a recoger tu imagen
y eres mejor que todas tus imágenes
porque eres linda desde el pie hasta el alma
porque eres buena desde el alma a mí
porque te escondes dulce en el orgullo
pequeña y dulce corazón coraza.
Porque eres mía porque no eres mía
porque te miro y muero y peor que muero
si no te miro amor si no te miro.
Porque tú siempre existes dondequiera
pero existes mejor donde te quiero

porque tu boca es sangre

y tienes frío

tengo que amarte amor tengo que amarte

aunque está herida duela como dos

aunque te busque y no te encuentre

y aunque

la noche pase y yo te tenga

y no.

Mario Benedetti

Quise iniciar este nuevo capítulo con el poema "Corazón Coraza" de Mario Benedetti escritor uruguayo ya fallecido en mayo del 2009 quien escribió a la vida, al amor, al dolor, la tristeza, en fin, a todas las facetas de la vida humana.

Cuando tuve la idea de dedicar unas líneas a esta parte me encontré con muchas historias de amores truncados, dolidos, vengativos, tóxicos de todo tipo. Y lo primero que se me vino a la cabeza es ¿cuándo, es que el amor pasa al desamor y seguimos en ese lado de la vereda a pesar del dolor que nos causa? ¿Para qué amar cuando no te aman? ¿Qué sentido tiene que al amar recibas soledad, insultos odio y dudas? ¿Estamos ante una resaca de post amor o ante un amor con resaca? En fin, lo cierto es que amar tanto muchas veces no recibe la misma cantidad.

Muchas veces conversando con amigos y expertos me han manifestado que en una pareja hay siempre uno que ama más que el otro, esto porque expresa sus sentimientos, es más romántico o romántica, y esto puede generar que entre las dos personas se marque la diferencia del como amas, las expectativas que tiene uno hacia el otro se ve reflejado en quejas cuando lo que esperaba no es en la misma magnitud que se había imaginado, entonces notamos un abismo entre lo que me imagino de mi pareja y lo que realmente veo en mi pareja. ¿Sera que cuando buscamos pareja buscamos tapar o llevar vacíos, o es esa chispa de que el amor nos revela? como cuando nos dicen que si el beso debe provocar música en tus oídos, debes sentir cosquillas en tu estómago y elevarte hasta al alturas, pero cuando la realidad es que nada de eso sucedió...sientes que lo que te contaron del mundo mágico fue solo fantasía y que el amor no es ese cuento de Hadas que escuchaste desde que eras una niña o un niño. Que un príncipe vendría a rescatarnos o que uno tenía que ser un príncipe que lucha contra las bestias y dragones, pero en realidad, con la justa podemos con nuestras vidas. Esa es otra historia. La historia del amor real si magia ni fantasías, el amor que se da entre dos personas imperfectas que se encontraron en el camino de la vida y decidieron andar juntos por el resto del camino o tal vez por unos kilómetros nada más.

Pero ¿todo eso tiene un costo?, ¿por qué hay amores que duelen tanto? Considero que amar es entregarte a alguien en vida y corazón, sin egoísmo si reclamos, es salir hacia el encuentro del otro. Es si cuando se pasa del enamoramiento al amor maduro, pero cuando confundimos amar con poseer u obtener algo para uno es cuando la indiferencia, el desprecio o el maltrato nos duele más en el alma que en el cuerpo.

Como diría Gabriel García Marques en sus palabras: 13 líneas para vivir
https://www.youtube.com/watch?v=XwIA_9EiUf8

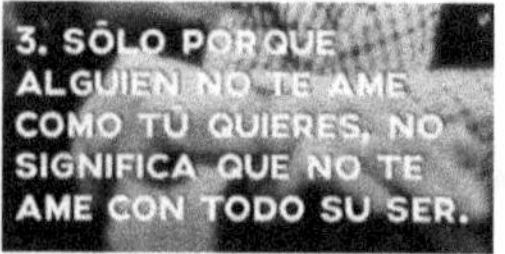

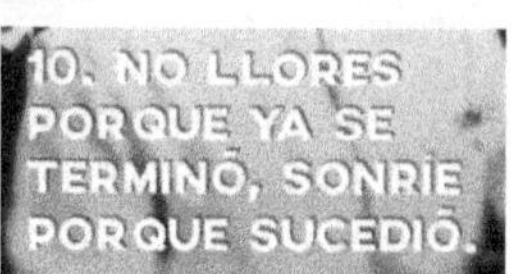

Muchas veces estamos en esta encrucijada donde el amor maduro pasa a ser un amor poseedor del otro y es allí donde muchas veces encaja en la frase del nombre de este capítulo "porqué a veces duele amar tanto" es que tiene que ser doloroso el brindar tu espacio al otro, tu alma y tu vida y recibir solo miajas.

Otra arista de esta frase es cuando el amor es roto por el infortunio, el azar que nos desbasta y se rompe la magia del amor maduro donde uno de dos se va, parte abruptamente y te deja desolado, no me refiero a cuando un ser abandona a otro por otra pareja, infidelidad, sino, al que cuando parte a mejor vida y nos deja sin concluir el amor, es muy doloroso y amargo, pero como nos dice Gabriel García "no llores porque se terminó sonríe porque sucedió" También me refiero cuando te toca amar a un ser que sufre por una discapacidad o que es designado como un asesino, o delincuente. Nos parte el corazón dado que sabes que necesita de ti en el primer caso y tienes que amarlo, aunque tu orgullo te lo trajo abajo. Un hijo con discapacidad o tu pareja que quedo muy mal de salud sea por un accidente y tienes que estar a su lado, o que por los años pierde la memoria y ya no te reconoce ni se acuerda de ti. El amar en esas circunstancias es muy doloroso porque es parte de ti y tienes que sacar fuerzas de donde ya no las tienes, pero sabes que te toco vivir esta etapa y solo te queda más que procesarla y amar aunque nos duela.

El otro caso se da cuando tu hijo pasa al lado de la delincuencia y que sabes que hizo mal pero como no amarlo, en qué momento lo perdiste, que hiciste mal, en que fallaste, entonces el amor en donde queda, como sostienes lo insostenible.

Lo cierto es que sea el caso que fuere amar nos es un sentimiento fácil de sostener, tiene muchos matices porque su dimensión es muy grande, abarca muchas relaciones, colores y formas. Pero lo cierto es que no podemos negar que el amor es un sentimiento que cuando se presenta en momentos normales es muy bello, pero en otras circunstancias nos deja muchas cicatrices.

Capítulo 5

Amar las imperfecciones

"Ella no era la chica que el siempre soñó,

Él no era el chico que ella imagino para ella.

Ninguno de los dos era un ejemplo a seguir,

Pero por algún azar del destino

Se volvieron perfectos el uno para el otro".

escapealvacio.com

La perfección o la imperfección, el príncipe o la princesa, real o imaginario. Mi sueño o mi pesadilla. Somos felices cuando amamos lo que nos gusta, lo que nos imaginamos como perfecto pero nos pasamos buscando y buscando el indicado y solo nos topamos con el equivocado y al final nos privamos de nuestra felicidad.

¿Qué hace que solo busquemos lo perfecto? ¿Será que nos educaron dentro de los límites de lo perfecto? ¿Qué solo lo perfecto está permitido como lo bueno para uno? son muchas las preguntas que nos hacemos a la hora de buscar una pareja lo cierto es que la mala noticia es que la perfección no existe que si bien es cierto no somos buenos en todo también somos malos en muchas cosas, y cuando me refiero a malos no es que seamos maltratadores, abusivos etc. Si no me refiero a que no somos expertos en todo y nos equivocamos.

Si bien es cierto vivimos o nos hacen creer que estamos en un mudo perfecto lo real es que los príncipes y las princesas se extinguieron con los dinosaurios. Y solo nos quedamos los imperfectos, los humanos con sus aciertos y errores, en una palabra… los terrestres. Y es en este mundo nuevo que témenos que amarnos. Pero cuando me refiero a amarnos en las imperfecciones no me refiero a permitir el daño físico y psicológico. Si alguno que forma la pareja es un abusivo, machista o feminista y ofende, hiere, daña en una palabra un potencial feminicida eso no podemos permitir esta imperfección no cabe en este capítulo.

 Cuando hablo de amar las imperfecciones hablo de amar lo imperfecto de la pareja que están relacionado con lo que no encaja en las expectativas del otro, que sus defectos tanto físicos como actitudinales no son los que deseamos, pero están con ellos (su mal carácter, sus obsesiones, sus hábitos alimenticios, su carácter etc.).

Te comparto este link de un video donde se explicita muy claramente lo que intento decirles: https://www.youtube.com/watch?v=FfS7pRHavUE Video "amar las imperfecciones del otro".

Después de ver este video qué opinas sobre el tema, sé que es difícil pero cuando acompañamos a una relación de pareja dentro de los consultorios lo primero que salta es la queja, el reclamo, acompañado del componente emocional dado que estos reclamos siempre van juntos con descargas emocionales que gastan la relación y muchas veces terminan en la separación, divorcio. Se invierte tanta energía en reclamar al otro por lo que no hizo, se olvidó o lo hizo mal que al final no quedan fuerzas para restaurar el daño causado como consecuencia del reclamo.

Una de las cosas que me ha ayudado en mi experiencia de vida conyugal y de apoyo o consejería de parejas es que lo primero es tener muy en claro que la persona que escogiste y te escogió, lo primero que vio fue lo que lleno sus ojos y los tuyos , que conforme pasan los tiempos las cosas cambien eso es lo normal, que el encantamiento se desvanezca con el pasar de los días es parte de la convivencia, pero es justamente lo primero que tenemos que mantener bien en claro lo que vimos en la persona que nos enamoramos y decidimos compartir las vidas, que el amar debe estar primero cuando notamos una imperfección de la que hablamos, es apelar al amor respondiendo con ternura al reclamo, restando importancia al olvido y priorizando más la relación construida, lo mejor es contestar que si es cierto se me olvido pero lo que debe quedar muy en claro es que a pesar de mi error lo más importante es el amor que le tengo y que hace que podamos estar juntos disfrutando el uno del toro y viceversa; el olvido se puede remediar pero no debe ser lo prioritario. No debemos gastar tanta energía en el tema porque no contribuye a la relación.

Otra forma que sirve es el sentido del humor ayuda a mitigar el enojo, disminuir la cólera, pero siempre y cuando se haga participe del humor a la pareja. No es un humor de burla sino de llevarlo a la emoción del que se viste el reclamo o la queja. Recordemos que cuando estamos enojados por alguna razón o situación que se había previsto salpica a todos, estas emociones son muy dañinas tano para uno como para nuestra pareja. Debemos de cuidar lo que decimos cuando estamos enojados, furiosos o furiosas, con la rabia a punto de cometer una agresión, en fin dañar a nuestra pareja para sentirnos bien.

El sentido del humor busca menguar esa furia, rabia para ver que realmente no están importante lo sucedido. Por eso es necesario la buena comunicación y una comunicación asertiva es la que mejor se ajusta para caminar ambos en el sendero del amor. Una cosa es coincidir y otra es estar de acuerdo. Las coincidencias se dan porque tenemos los mismos gustos, colores, deseos y hasta sueños eso es genial.

Pero también hay puntos en los que no estamos muy sintonizados y es allí donde la buena comunicación ayuda a poner los puntos comunes a que se pueden llegar cuando somos más flexibles, sedemos y compartimos. Si uno es muy desordenado y ella es muy ordenada busquemos un punto intermedio donde ambos estén conformes y de acuerdo.

Una vez en una de mis consejerías tenía una pareja que ambos se quejaban constantemente uno del otro. Así que quedamos en que en las siguientes dos semanas debían prestar atención solo a las cosas positivas de su pareja, centrar su atención en lo bueno que tenía su pareja. Al término del ejercicio cuando les pregunte él me dio muchos argumentos de las cosas buenas de su pareja no alcanzaban los dedos de la mano para contar todo lo que había visto en ella. Pero cuando le pregunte a ella que había observado en su pareja solo me dijo una sola cosa.es allí el meollo del asunto las expectativas que depositamos uno en el otro, es el cheque en blanco d que desglosamos de la chequera,

Mientras uno vio muchas virtudes en su pareja el otro solo vio una y saben porque, uno esta aun llena de reclamos y su pensamiento mágico no le permiten ver más virtudes en su pareja. Es allí a que nuestra relación deja de funcionar porque cuando aceptaste fue incondicional pero cuando se fue la magia aparecieron las condiciones son estas las que se tiene que trabajar para poder sabiamente contribuir a la relación y seguir juntos.

Yo les sugiero revisar algunos libros sobre terapia racional emotiva conductual donde les va ayudar a manejar o reformular nuestros pensamientos asociados a los reclamos, entender que partiendo de una idea o pensamiento irracional puede desencadenar en emociones equivocadas y terminando con actitudes o comportamientos muy poco adecuados.

Amar las imperfecciones del otro es no solo amar lo bueno que tiene mi pareja sus aciertos y virtudes sino también entender que es un ser humano de carne y hueso que tiene errores como también los tenemos nosotros. Pero sin caer el en extremo el abuso, manipulación, acoso, daño, celos, posesión, prohibiciones etc.

Capítulo 6

Yo celoso, nooo...pero entiende que eres MIA,MIA!!!

Uno de los temas que mucha controversia se ve en el tema del amor son los celos, esos estados que una persona justifica sus actitudes de control porque está amándola y necesita cuidarla. Pero lo cierto es que si bien es cierto celar es parte de cuidar una relaciòn, es el instinto natural animal de proteger a la hembra de otro macho o viceversa. Pero lo real es que el exceso de estos puede terminar en consecuencias muy graves como el feminicidio que hoy por hoy ha aumentado en nuestro país. El asesinato de mujeres a manos de sus parejas se inicia muchas veces en los celos enfermizos donde la consigna es *"si no eres mía no eres de nadie".*

Busquemos donde se puede iniciar todo el tema de los celos, pero la pregunta es ¿es bueno los celos? ¿Son naturales celar a nuestra pareja? ¿Los celos tienen que ver con el ego posesivo? Los celos en general siempre están ligados al amor por ende el no mostrar cierta dosis de celos a una pareja es tomado como falta de interés por ella. Pero una dosis elevada terminará a la larga en una desbastación de la relación y de la familia. Para algunos psicólogos consideran que os celos tiene una base en la baja autoestima, en la desvaloración personal y en temas relacionados con la crianza desde la infancia, temas de perdidas, de padres muy críticos o pocos valorativos de las virtudes de los hijos, hogares disfuncionales que muestran ejemplos de relaciones toxicas tienen muchas veces a repetirse cuando los niños crecen y se vuelven jóvenes eh iniciàn sus relaciones afectivas. Otros especialistas hablan de que la mente nos juega una mala pasada con los ya famosos pensamientos irracionales que nos hacen ver cosas donde solo es producto de mi mente creativa e imaginativa donde le dicta a los celos que es real la situación y que hay peligro de perder a la pareja. Por lo tanto lo único que queda es controlar al máximo para asegurarnos que no va a pasar nada porque todo está bajo supervisión. Lo malo de esto es que va generando temor en uno de los lados y se va perdiendo el amor esto no hace más que afirmar al celoso que tenía razón y por lo tanto su reacción como lo vemos es muy violenta y siempre va a ser agresiva.

Las personas celosas sufren mucho porque en su mundo solo existe engaño, pérdidas, desvaloración, temor a la soledad, al fracaso, desdicha y suficientes pensamientos erráticos que no hacen más que confirmar sus hipótesis de que si no controla pierde a la pareja. Hubo unas aves en un curso que llevaba que un colega docente nos enseñó que el llevaba todas la llaves de su casa puertas de la calle como de los cuartos así se sentía seguro que todo lo controlaba.

Otra historia que conocí fue la del esposo que viajaba y dejaba a la mujer en casa, pero bajo la mirada de los vecinos que cuando el retornaba preguntaba sobre el comportamiento de su esposa en su ausencia.

¿Que hacer frente a los celos que nos invaden y nos atormentan? Lo primero considero es que si vemos que algo del comportamiento de la pareja no encaja y confirma nuestros argumentos es importante dialogarlo con la pareja para que no se llegue a mayores pero si nuestras sospechas son infundadas debemos buscar ayuda profesional porque allí está el problema, es mentira que nos digan tú los puedes manejar pero lo cierto es que las evidencias de las estadísticas del ministerio de la mujer del CEM centro de emergencia mujer, se observa que en lo que va del año tenemos 412 casos de que se dividen en 132 feminicidios y 280 intentos de feminicidio:

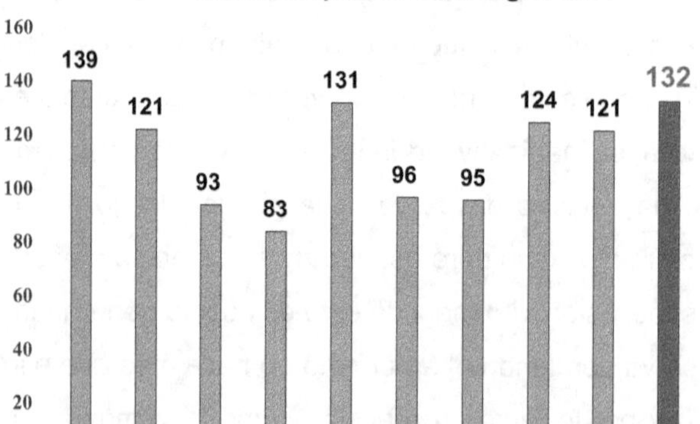

Estas cifras nos señalan que cada vez va en aumento el tema de agresión no solo contra la mujer sino contra el varón. Pero todo parte en su gran mayoría en patrones de comportamientos erráticos provocados por los celos infundados, el otro porcentaje está dado por trastornos psicológicos y patologías que desencadenan en estos feminicidios.

No podemos negar que los celos son parte de las relaciones es al parecer el lado animal de lo humano, pero cuando se sale de control es cuando se deja de ser humanos y nos convertimos en animales.

Creo que si bien es cierto nos pueden ayudar diversas informaciones, lecturas sobre el tema es importante cuando aparecen señales en las que no soportas su forma de vestir, ya no pasas mucho a sus amigos, debes conocer sus contactos en el celular, tener las cuentas de su Facebook, saber sus movimientos, donde eta con quien está, que hace etc. Es necesario que busques ayuda profesional recuerda el problema no es él o ella eres tú.

Quiero termina este capítulo mostrando un dibujo que refleja lo que hemos analizado.

Capítulo 7

¿Necesidad o amor?

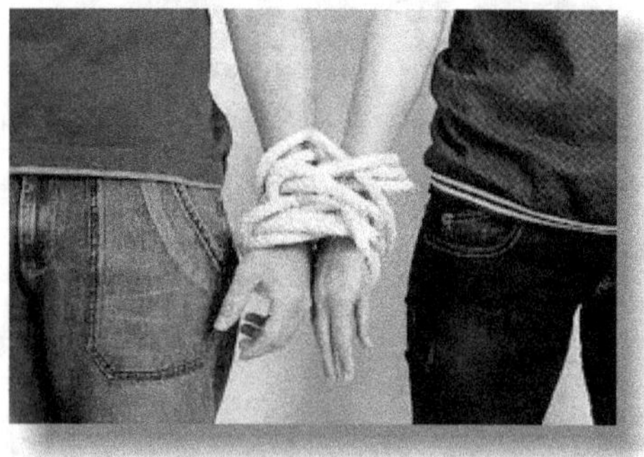

Una de las preguntas que siempre hago a mis estudiantes cuando me consultan sobre sus relaciones amorosas es: ¿es que la amas que la necesitas o es que la necesitas que la amas? Y la repuesta que obtengo es un silencio prolongado donde da a notar que no tienen claro porque y para que mantienen una relación sentimental con esa persona.

 Es cierto muchas veces confundimos las razones por las cuales mantenemos una relación con alguien, pero lo cierto es que entablar una relación con una persona pasa por el enamoramiento, la ilusión y el amor, pero en otros casos pasa de la ilusión a la necesidad de llenar vacíos y en ese instante deja de ser amor como ilustra esta foto:

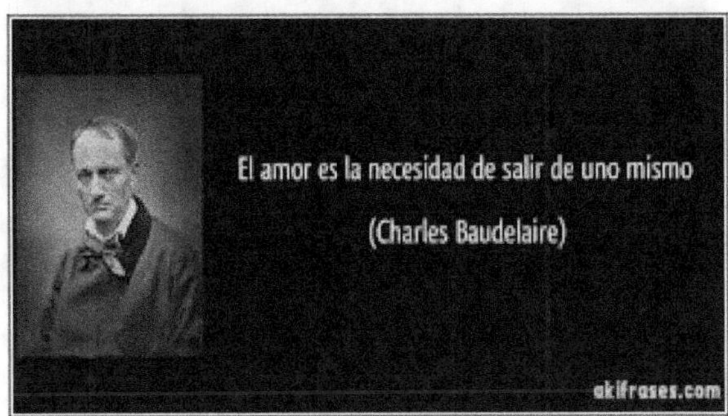

El amor es ir al encuentro del otro para compartir lo completo de uno hacia lo completo del otro; es compartir las vidas y teniendo claro que cada uno es libre y particular.

La felicidad no depende de uno ni del otro depende solo de cada uno y la pueden disfrutar juntos.

Pero que quiere decir "es que te necesito que te amo" si miramos bien literalmente habla de necesidad como condición básica para sostener el amor, es quizás llenar algún vacío, una soledad, algún complejo de inferioridad o superioridad, un prestigio, un tema sexual, obsesión; en fin, cubrir una necesidad para sentirse amado es un amor que asfixia, que ata, que es dependiente. Donde uno de ellos es la garrapata que se alimenta del otro si aportar nada a la relación. Está basado en la inseguridad en la duda y la desconfianza.

Este amor es muy dañino porque cuando uno se da cuenta que su pareja no aporta nada solo controla, manipula y se victimiza es cuando la magia se acaba es allí donde se vuelve la relación peligrosa, porque el que está por necesidad se siente amenazada cuando la otra pareja le pone el ultimátum y es entonces que, va hacer lo que sea para no perder su fuente de nutrición de vacíos. Hasta matar para evitar que este con otro u otra.

Pero la frase "es que te amo que te necesito" es el amor maduro, seguro y libre donde ambos dan el uno hacia el otro y la necesidad nace de compartir, está basado en la seguridad, la confianza, el dar su espacio si asfixiar al otro, es un estar con el otro en una relación de libertad de crecimiento personal y mutuo es el encuentro de un TU con un YO para construir un NOSOTROS.

Es un amor que pasa por el eros, el filin y el ágape como lo menciona Walter Riso en su libro "ama y no sufras" donde nos explica claramente este proceso de amar.

Esta frase lo dice todo ama cuando estés listo es un indicador que cuando te sientas que puedes dar al otro todo tu ser para compartirlo es cuando estamos listos, pero cuando te sientes solo podemos confundir el amor por necesidad y allí es como venimos comentando amar implica primero amarse a uno mismo contar con una valoración personal saludable ya que el amor empieza primero en casa para luego salir al encuentro del otro amor. Si no nos amamos primero va a ser muy difícil dejar que nos quieran porque nuestras exigencias provenientes de una autoestima muy baja van a ser muy altas y de mucho costo emocional que muchas veces la otra pareja no está dispuesta a pagar.

Entonces ante la pregunta ¿es que te amo que te necesito o es que te necesito que te amo? ¿Cuál es tu respuesta? ¿Para qué estas manteniendo una relación? Si ya la tienes clara entonces ser feliz en el amor es una decisión personal como lo menciona Walter Riso *"no dejes que tu pareja ocupe todo tu ser y tu mente, de tal manera que no haya lugar para ti. Amar no es desaparecer"*.

Capítulo 8

La relación se terminó...y ¿Ahora qué?

"Besos que vienen riendo,

luego llorando se van, y

en ellos se van la vida,

que nunca más volverán"

Miguel de Unamuno

Dedico esta parte a todas aquellas personas que por alguna razón están pasando por el duelo de la terminación de una relación afectiva que como dice el poema "en ellos se van la vida" es el momento donde el dolor que se vive si no se asiste se puede sufrir mucho por largo tiempo.

El rompimiento puede ser por varias razones entre ellas por muerte de uno de ellos, la infidelidad, la desilusión, como dice esta frase:

"el dolor es inevitable pero el sufrimiento es opcional"

M. Kathleen Casey.

Tenemos que después de una pérdida o un final se presenta el duelo que es solar el sufrimiento ocasionado por el rompimiento.

Pero que es el duelo y aquí quiero citar una de mis frases escritas en mi primer libro "por qué duele tanto el dolor" :... *"Bien es sabido y conocido por todos que muchas veces la vida nos hace pasar por momentos que nadie sospecha que vamos a transitar, pensamos que todo va a ir bien sin tormentas ni huracanes, que cuando vemos que otros pasan por estos momentos sentimos y agradecemos porque no nos haya tocado ni a nosotros ni a ninguno de nuestros seres más cercanos. Pero lo cierto es que tarde o temprano la vida nos golpea donde más nos duele. Ya que nada es estable, todo cambia y así como en el mar hay momentos en que está tranquilo y en otros se llena de olas muy grandes. Así es nuestro tránsito por la vida, un constante subir y bajar…"* *(Yepez, E. 2015, pag. 7).* Como lo menciono la vida golpea y uno de los dolores más fuertes es el de la muerte de la pareja sea por enfermedad, accidente, asesinato y desaparición.

También por infidelidad donde una parte daña a la otra con el engaño y esto ocasiona el rompimiento, dolor que muchas veces puede, si no se asiste, desencadenar en venganzas, y también en infidelidad como parte de hacer que la otra pareja sienta lo que lo que le hizo pasar.

Otra forma de rompimiento es la desilusión donde la magia del amor se desvanece, esto mucho sucede en los adolescentes y jóvenes porque aún están en la búsqueda de su autoafirmación y por lo tanto es muy difícil sino imposible que el amor de la adolescencia o la juventud duren para siempre.

En mi trayectoria como docente universitario eh visto como estos rompimientos ocasiona en los estudiantes reacciones que van desde la desesperación llanto hasta el intento de suicidio y en los peores casos el suicidio. En muchas ocasiones la asistencia oportuna puede ayudar mucho a sobrellevar el duelo ya que en muchos de los jóvenes el amor es su salvavidas para existir y el rompimiento lo coge desabastecidos de habilidades sociales y emocionales para enfrentar situaciones límites ocasionadas por el término de una relación amorosa.

Entonces que se puede hacer en estas circunstancias para que el impacto de rompimiento se pueda llevar sin el costo tan alto que demanda un duelo.

Lo primero es entender que, según sea el caso, se va a tener que transitar el camino del dolor, pero donde más se tiene que acompañar es el camino del sufrimiento para lograr restaurar las vidas heridas y curarlas para que vuelvan a vivir primero para ellos y después para el otro.

El amor es como venimos definiéndolo es caprichoso y por lo tanto tenemos que entender que el primer gran amor es el amor propio hacia uno mismo esto nos dará las fuerzas necesarias para poder soportar cualquier rompimiento amoroso.

Walter Riso habla en su libro "desapegarse sin anestesia" menciona lo siguiente: *"¿quién no ha sufrido o aún sufre inútilmente por estar enganchado a cosas o personas que le quitan fuerzas y ganas de vivir? la estrategia emocional consiste en descubrir lo que uno no necesita y sacudirse de ello, como lo hace un perro cuando sale del agua e intenta secarse"...pag. 23 de su libro.*

En mi libro *"Por qué duele tanto el dolor"* menciono lo siguiente acerca de este párrafo: "Cito estas líneas por que como menciono me he topado con personas que gastan energía en mantenerse apegados a emociones, personas, objetos, sentimientos, recuerdos que figuran en su historia personal que ya no le son necesarios para vivir en el presente, sin embargo persisten martirizándose en mantener dichos apegos que lo único que hace es paralizarlos y no ver las oportunidades que la vida les presenta." (pag. 99).

Otro aspecto a tener en cuenta es la autoestima, el amor hacia uno mismo, como dice esta frase *"no hay amor suficiente que pueda llenar el vacío de una persona que no se ama a sí misma"* autor anónimo. Porque el amor primero es hacia uno mismo quererse, valorarse, aceptarse, conciliarse es lo primero así uno tendrá las suficientes armas para relacionarnos con el otro y no permitir jamás que nos dañe sea física o psicológicamente.

Esta es la clave ante cualquier rompimiento dado que nos ayudara a la restauración y aceptación del dolor que viene con el duelo que bien lo especificó Elizabeth Kübler Ross cuando definió las etapas del dolor de un duelo que pasa por NEGACIÒN, IRA,NEGOCIACION, DEPRESION, PERDON Y ACEPTACION cada una de estas etapas están bien definidas hay mucha bibliografía sobre ello pero manera de resumen diríamos que ante una situación dolorosa lo primero que aparece es la negación (¡esto no es así, no es verdad, no me puede estar pasando a mí, etc.!) Luego después de luchar contra la realidad viene la IRA (¡que se muera, odio a todos, etc.!). Después viene la etapa de NEGOCIACION donde buscamos pactar con DIOS, con los santos con la vida para que toda vulva a estar como al principio.

Después viene la DEPRESIÒN que es la etapa donde las fuerzas se desbastaron y nos derrumbamos porque a pesar de buscar pactar con las fuerzas divinas no hay cambios entonces nos encerramos en nosotros mismos no queremos hablar con nadie, nos hundimos en la soledad, nos culpamos, en fin, todos los comportamientos de una persona deprimida.

Luego viene el PERDÓN el momento de reconciliarnos con nosotros mismos, ir poco a poco aceptando lo sucedido, dejando de sufrir inútilmente, volviendo a la vida a nuestras costumbres, y rito social. Y finalmente aparece la etapa de ACEPTACION donde ya salimos del duelo del dolor y decidimos vivir nuevamente.

Como vemos el dolor ante una ruptura, pérdida es complejo en estas etapas se necesita si no se puede salir solo buscar asistencia profesional para que nos apoyen en el transitar del camino por estas etapas a fin de volver apararnos y desarrollar nuestra capacidad de resiliencia.

Una de las cosas que suele pasar ante el rompimiento o término de una relación es buscar culpables esto no es lo más adecuado ni culpar ni auto inculparse porque nos vamos a dañar más. Y por lo tanto no se va a resolver nada más por el contrario vamos a odiar, querer vengarnos, lo más adecuado o aconsejable es asumir que el amor se terminó y que se tiene que aceptar que es una realidad dolorosa pero que culpando no va hacer que se vuelva a restaurar la relación.

Hay que entender, aunque nos duela, se acabó, llegó a su fin y nada más. Y de allí pararnos y seguir viviendo porque me amo lo suficiente como para permitir que me dañe y dañarme.

Otra de las cosas que solemos hacer es en estos tiempos modernos es borrar todo lo que se tiene de la persona de mis contactos, de las redes como fotos, recuerdos, viajes, etc. Esto es contraproducente porque estamos en la etapa de la furia y la ira y bajo este estado emocional no se deben tonar decisiones porque no son las más objetivas y claras. Al final podemos arrepentirnos y es demasiado tarde.

Lo más aconsejable comentan los especialistas es poco a poco ir viendo que hubo momentos bellos que vallen la pena guardar como parte de nuestra historia amorosa y que si bien esta relación llego a su término podemos guardar momentos bellos como dice Gabriel García Márquez *"no llores porque ya se terminó, sonríe porque sucedió"*.

Otro tema es que muchas veces las parejas que terminan la relación por su proceso de duelo quieren intentar volver a retomar la relación y hacen lo imposible por que las cosas no hayan llegado a su fin, suplican, persiguen, se denigran y esto lo que hace es fortalecer al otro que ya no quiere nada con uno y en lo peor de los casos cuando se retoma la relación somos unos trapos hacen de uno un estropajo porque el que domina la situación saca provecho del otro y ¿saben porque? Simplemente ya no nos quieren y esta situación es ventajosa para él o ella que libre del peso emocional se aprovecha del otro hasta hacerlo su esclavo. Nuestra dignidad queda pisoteada por lo tanto si no tenemos una adecuada autoestima el amor terminado nos desbastara como dije con un costo muy alto emocional y socialmente.

Otro aspecto que sale a flote es el tema de los EX cuando escucho a los jóvenes siempre mencionan MI EX como que la mente se niega a terminar la relación y sigue con la posesión es mi ex, ¡¡¡mi ex !!!, Cuidado con meterte con él o ella.!!! ¿Qué sucede? Al parecer nuestro ego posesivo no suelta tan fácil algo que estuvo apegado a él ya se habla mucho sobre el apego emocional de lo difícil que es desapegarse romper el vínculo aun cuando ya no existe lazos que los una.

La terapia racional emotiva conductual nos puede ayudar a poder resignificar la forma de pensar y sentir para poder ayudarnos a volver a sobrellevar el dolor y evitar abrir la puerta al sufrimiento inútil y destructor.

Entonces como venimos reflexionando lo primero es contar con uno mismo el amor hacia uno es crucial para fortalecernos y entender que la relación con otra persona o personita pasa primero por la totalidad de uno, estar lleno de amor por uno mismo sin caer en el egocentrismo, sino el amor saludable nos permitirá ir al encuentro del otro si buscar llenar vacíos de una manera sana donde la relación se fortalecerá para ambos y se podrá construir el nosotros de manera real.

Por lo tanto, el que dure una relación es poner primero lo común que se tiene ante las necesidades individuales sean estas falta de cariño, de reconocimiento, de necesidad de elogios, de prestigio y todo aquello por lo que el EGO lucha para sentirse pleno.

Las relaciones no son fáciles habrá momento de conflicto, dificultades, discordias, palabras elevadas de tono como también momentos de mucha coincidencia y sintonía. No les ha pasado que solo con una mirada con tu pareja la sintonía es total ante una situación que se está viviendo. Las palabras sobran porque el acoplamiento es uno y el nosotros sobresale.

Lo importante es tener en claro que cuando hay amor de parte de ambos se debe cuidar sobre todo el amor, y no en nombre del amor se debe permitir abusos, atropellos, ofensas daño. No debemos confundirlo. El amor perdona todo pero cuando el perdón está acompañado del arrepentimiento sincero y con miras a mejorar.

Eh creído conveniente que para finalizar este libro termine con una serie de cuentos sobre el amor para que nos ilustre como los escritores, poetas y demás personas reflejan el impacto de esta palabra en las vidas de los seres humanos.

Capítulo 9

Cuentos de amor

En este capítulo eh creído conveniente jugar con la ilusión, el romanticismo, la pasión dentro de historias de amor diferentes autores conocidos y aún por descubrirse. Mi única intención es que cuando se lean puedan soñar con la magia de los cuentos que en el fondo encierran historias de vidas que se cruzaron en el camino y transitaron por espacios en el tiempo y otras para siempre.

Quiero iniciar con el cuento de un joven escritor que espero salga pronto a la luz. Me refiero a un ex estudiante de psicología ya graduado cuyo nombre es Jaime Lozano.

VAPORETTO DI VENECIA

"Ya ha pasado tiempo pensaba, mientras observaba impresionada la neblina vespertina que se ceñía sobre la embarcación que avanzaba lenta sobre las calmadas aguas del mar Adriático, los primeros rayos del sol ya se asomaban desde el Este penetrando y disolviendo la capa de niebla que los había envuelto de pronto. A veces creía que estaba huyendo, pero le aterraba el compromiso y no tenía intención de si quiera intentarlo, atrás quedaron los preparativos, los sueños prestados de una familia y la vida perfecta que le habían prometido pero que jamás busco tener en ese momento de su vida. Rosas y pequeños detalles habían logrado mantenerla expectante de ese sentimiento bonito que había surgido; sin embargo, en el fondo sabía que era algo que no aceptaría nadie. Gonzalo, siempre insistió en la relación y ella se negaba a ver la realidad que la golpeaba siempre que podía cuando intentaba creer que era posible. El viento ya soplaba desde el Oeste y el sol calentaba la fría mañana de octubre, el motor la despertó de sus pensamientos y prefirió olvidar todo aquello y disfrutar del viaje de su vida. A lo lejos se podía distinguir ya la ciudad, el Vaporetto se desplazaba lento y la gente vibraba expectante ante el paisaje que se dibujaba a medida que se acercaban, la Serenissima se abría ante sus ojos, la Venecia que tanto soñó desde muy niña yacía frente a ella imponente con sus puentes, edificios y palacios. Busco en su memoria la primera vez que la vio, apenas tenía nueve años y quedo prendida del televisor, sus casas sobre el agua y esas barcazas recorriendo sus avenidas fue lo que más le sorprendió en esos tiempos, pero ahora que la tenia de frente era distinta, quedo maravillada con el color, la algarabía y la plenitud de esta ciudad que la recibía majestuosamente.

La calle era amplia y diversas embarcaciones se desplazaban en ambas direcciones, era asombroso no ver ningún vehículo, Lucero estaba tan acostumbrada al caos automovilístico que ver aquello le hacía de repente sonreír y sentir una sensación de alivio. A ambos lados de la calle se erigían edificios de al menos tres pisos de altura que parecían flotar sobre el agua, siempre había querido saber cómo los arquitectos lograrían construir tamañas edificaciones, tenían variedad de colores y grandes ventanas adornadas con bonitos balcones que resaltaban el bello diseño de la época y daban una vista privilegiada al canal. La mañana ya había avanzado y el cielo lucia despejado con algunas nubes a los lejos por lo que el brillo solar reflejaba el cielo hermoso sobre el agua, a medida que se adentraba en la ciudad era inevitable no quedar admirada de tanta belleza y del calor de su gente que sin conocerlos les daban la bienvenida.

Busco entre sus cosas la cámara de fotos que había metido a toda prisa cuando bajo del avión aquella madrugada y de pronto se topó con la carta, la que aún seguía sellada en aquel sobre con aquella postal de Perú que ahora lo sentía tan lejano.

 Habían pasado muchos años desde que lo conoció a Luis en aquella ya lejana tarde, amigo de su estúpido novio que resulto todo un patán arruinándole sus primeros años de ilusión juvenil. La amistad perduro por largos años y siempre tenía noticias de Luis que aunque lejos siempre encontraba un momento para sacarla de su rutina. Faltando pocos meses para su viaje habían ido a cenar, la pizzería estaba abarrotada de gente aquel día, pero se habían acomodado en una banca en el fondo del local que tenía una vista a la plaza por sus grandes ventanas. Gonzalo, fue el tema de conversación de esa hora y para variar él solo escuchaba mientras la miraba a los ojos como queriendo decir algo, pero sin atreverse. Rieron mucho pues tenían esa peculiaridad de divertirse mucho cada vez que se encontraban, la feria había invadido las callejuelas alrededor de la plaza y coloridas banderas flameaban con el viento mientras bombardas estallaban produciendo un estruendo. Lucero tomo su mano y lo arrastro hasta un estante donde hacían autorretratos, sin pensar le puso un sombrero de paja en la cabeza y ella se colocó una rosa en el cabello y posaron para el dibujante que con agiles trazos en un santiamén los había inmortalizado. Los faroles se habían encendido y las últimas cuadras a su casa se acortaban cada vez más, no habían hablado del viaje durante toda la tarde y a ella se le hacía raro que no le hubiera preguntado. Abrió la reja del pórtico de su casa y giro para despedirse, la recibió una sonrisa, él le entrego la carta y le hizo prometer que no la abriría hasta llegar a Venecia, ¿Qué contendría? Ya pronto lo descubriría.

El día ya había avanzado y Lucero se encamino junto a los demás turistas a empezar con el tour. La Plaza de San Marcos se encontraba en el corazón de Venecia. Medía 180 metros de largo por 70 metros de ancho y era la única plaza de Venecia, ya que el resto eran plazuelas o campos… "Su construcción se inició en el siglo IX adoptando el tamaño y forma actual en 1177, siendo pavimentada 100 años después" – refería el guía- era una vista sorprendente. La plaza se levantaba sobre decenas de columnas de granito… "la plaza por ser el punto más bajo de Venecia suele inundarse, pero en esta época eso no pasara tranquilos" –bromeaba del guía- en la parte del fondo se levantaba la torre del reloj, una estructura inmensa en cuya cima, dos moros de bronce tocaban las horas. Era sencillamente hermoso, lo imponente de sus estructuras, la basílica con sus mosaicos que la rodeaban y sus figuras daban una vista impresionante, las figuras del nuevo y antiguo testamento le daban el toque de magnificencia, pero lo que más le sorprendió fueron los caballos del museo de San Marcos, cuatro caballos de bronce bañados en oro imponentes a la vista, simplemente era una maravilla recorrer aquellos lugares que jamás pensó ver.

Fue un día extenuante, estaba rendida y decidió descansar un poco en su hotel pues el viaje y su primer recorrido la habían terminado de agotar. Después de una ducha cayo en la cama y se puso a pensar en lo bien que la estaba pasando, de pronto recordó la carta, pero el sueño la había vencido y se sumergió en el con plenitud. Un ruido la sobresalto despertándola irremediablemente, golpeaban a la puerta por lo que se apresuró a atender, era la camarera con el desayuno lo cual la hizo ser consciente que había dormido demasiado. Minutos después del desayuno decidió salir a explorar los alrededores. Pasando la plaza de San Marcos pudo observar un hermoso puente que atravesaba el canal, de una bella arquitectura destacando por sus enormes ventanales que le daban una apariencia fascinante desde lejos y una vista impresionante del canal y sus alrededores de cerca. El puente Rialto resulto ser el puente más antiguo que atravesaba el canal y tras cruzarlo se encontró con algo que le recordaba al Perú; un mercado al aire libre donde se ofertaban todo tipo de verduras, frutas, peces, moluscos y una variedad de cosas que no conocía.

De regreso al hotel caminando entre las callejuelas un aroma le llamo la atención, venia de una especie de restaurant, pero algo más íntimo, el ambiente era acogedor con una barra de madera no tan grande y con muchas variedades de vinos, capto su atención una pizarra con muchas anotaciones de lo que se ofertaba e incluso tenía un mapa dibujado lo que le pareció muy llamativo e ingenioso. Ordeno lo que parecía a especie de tostada con una crema encima llamada "crostini con baccalá mantecato" lo cual le causo mucha gracia de pronunciar y además ordeno una copa de vino, creyó que era el momento indicado para leer la carta, abrió el sobre y leyó:

"Te veías hermosa la última vez que te vi, te preguntaras: ¿Cómo lo sé, si escribí la carta antes? Es fácil, siempre estas hermosa... -esto le saco una sonrisa y pensó; lo hizo de nuevo- *lo venía pensando, habían pasado muchos años que quería viajar y cuando me entere que viajarías a Venecia me decidí. Te estaré esperando en el café Florián a las 5 pm el día sábado 19, espero no hayas olvidado abrir la carta porque no tengo planes para esta noche"*

Miro su reloj, las dos con cuarenta y cinco, pago y salió presuroso camino a su hotel ¿Qué hacía Luis en Venecia? ¿Por qué no le había dicho nada? ¿Qué se pondría? ¿Por qué se ponía tan nerviosa? Se conocían de muchos años, el que la apoyo en los malos momentos, el que la hacía reír, con el que pasaba buenos momentos, su amigo…se detuvo en ese pensamiento, ¿realmente lo veía así? Tantas preguntas y ninguna respuesta concreta. Llego al café a la hora indicada, este se encontraba dentro de la plaza San Marcos, el lugar era muy bonito con una atmosfera agradable y sencilla. Se dividía en dos ambientes, un local con elegantes murales y cuadros y el otro con las mesas al aire libre lo cual lo hacía llamativo a toda clase de público, a su vez se podía disfrutar de música clásica en vivo, todo un espectáculo. Lo busco con la mirada y ahí estaba sentado con unas gafas de sol y una camisa, le sonreía mientras le hacía señas a lo lejos.

Hola, ahora se miraban a los ojos y Lucero aun parecía incrédula de todo lo que pasaba, tomaron asiento y Luis ordeno dos spritz, coctel muy típico de Venecia. Lucero escuchaba la música mientras probaba su bebida la cual era muy agradable a su paladar. De pronto un frio la inmovilizo de pies a cabeza, Luis había tomado su mano en un segundo y ahora la miraba a los ojos con mayor intensidad y le decía: *quería estar así desde hace mucho tiempo y tenía que asegurarme que no tengas adonde huir,* -no pudo evitar sonreír ante aquellas palabras- *pero es lo que menos quiero que hagas ahora, eh venido a buscarte porque no quiero tenerte lejos de mi otra vez, me cautivaste desde la primera vez que te vi,* bebió un trago largo y continuo.- *quizás deba pedir unos cuantos spritz más para tener la valentía*…pero esto no fue necesario, Lucero cayo sus labios con un largo beso que la alejo de aquella plaza, de aquel país tan lejano, de aquella realidad. No pensaba nada en ese momento, abrió los ojos y ahí estaba Luis, el bromista, el compañero, el único capaz de escuchar sus penurias, pero era diferente, dudo por un momento si era por el alcohol, pero lo veía muy guapo, aquella camisa le hacía ver muy bien. *Lucero me encantas, ¿quieres volver conmigo a Perú?* - Lucero se quedó incrédula por unos segundos, luego rieron una vez más juntos… *¿quieres ser mi novia?* .....

La gente se estaba juntando en la plaza, las luces del ocaso prendían las aguas del mar dándole un color luminoso que se reflejaban en los edificios adyacentes, la góndola se desplazaba lentamente mientras sus ojos se dilataban de tanto mirarse, las palabras sobraban y sus sentidos enloquecían ante el espectáculo del sol en el ocaso...sus manos se buscaron mientras el gondolero despedía el atardecer cantando:"

Es sólo un preludio de despedida

Este abrazar más fuerte que nunca, ahora que me das

Es un momento

Eso no guarda la esencia de nosotros y lo sabes...

Y es Venecia al atardecer, la luz irreal en nosotros

Antes de oscuridad. Tú y yo: Venecia al atardecer

Y "sólo el espejo de nosotros

El agua todavía en la laguna que ahora ya no fluye

Pero una vez más quiero imprimir en nosotros

Como nunca antes...

Venecia estará al atardecer como fuego sobre nosotros

Antes de oscuridad. Tú y yo: Venecia al atardecer.

Jaime Lozano Luna.

EL RUISEÑOR Y LA ROSA

"-Dijo que bailaría conmigo si le llevaba una rosa roja -se lamentaba el joven estudiante-, pero no hay un solo rosa roja en todo mi jardín.

Desde su nido de la encina, oyóle el ruiseñor. Miró por entre las hojas asombrado.

-¡No hay ni una rosa roja en todo mi jardín! -gritaba el estudiante.

Y sus bellos ojos se llenaron de llanto.

-¡Ah, de qué cosa más insignificante depende la felicidad! He leído cuanto han escrito los sabios; poseo todos los secretos de la filosofía y encuentro mi vida destrozada por carecer de una rosa roja.

-He aquí, por fin, el verdadero enamorado -dijo el ruiseñor-. Le he cantado todas las noches, aún sin conocerlo; todas las noches les cuento su historia a las estrellas, y ahora lo veo. Su cabellera es oscura como la flor del jacinto y sus labios rojos como la rosa que desea; pero la pasión lo ha puesto pálido como el marfil y el dolor ha sellado su frente.

-El príncipe da un baile mañana por la noche -murmuraba el joven estudiante-, y mi amada asistirá a la fiesta. Si le llevo una rosa roja, bailará conmigo hasta el amanecer. Si le llevo una rosa roja, la tendré en mis brazos, reclinará su cabeza sobre mi hombro y su mano estrechará la mía. Pero no hay rosas rojas en mi jardín. Por lo tanto, tendré que estar solo y no me hará ningún caso. No se fijará en mí para nada y se destrozará mi corazón.

-He aquí el verdadero enamorado -dijo el ruiseñor-. Sufre todo lo que yo canto: todo lo que es alegría para mí es pena para él. Realmente el amor es algo maravilloso: es más bello que las esmeraldas y más raro que los finos ópalos. Perlas y rubíes no pueden pagarlo porque no se halla expuesto en el mercado. No puede uno comprarlo al vendedor ni ponerlo en una balanza para adquirirlo a peso de oro.

-Los músicos estarán en su estrado -decía el joven estudiante-. Tocarán sus instrumentos de cuerda y mi adorada bailará a los sones del arpa y del violín. Bailará tan vaporosamente que su pie no tocará el suelo, y los cortesanos con sus alegres atavíos la rodearán solícitos; pero conmigo no bailará, porque no tengo rosas rojas que darle.

Y dejándose caer en el césped, se cubría la cara con las manos y lloraba.

-¿Por qué llora? -preguntó la lagartija verde, correteando cerca de él, con la cola levantada.

-Si, ¿por qué? -decía una mariposa que revoloteaba persiguiendo un rayo de sol.

-Eso digo yo, ¿por qué? -murmuró una margarita a su vecina, con una vocecilla tenue.

-Llora por una rosa roja.

-¿Por una rosa roja? ¡Qué tontería!

Y la lagartija, que era algo cínica, se echó a reír con todas sus ganas.

Pero el ruiseñor, que comprendía el secreto de la pena del estudiante, permaneció silencioso en la encina, reflexionando sobre el misterio del amor.

De pronto desplegó sus alas oscuras y emprendió el vuelo.

Pasó por el bosque como una sombra, y como una sombra atravesó el jardín.

En el centro del prado se levantaba un hermoso rosal, y al verle, voló hacia él y se posó sobre una ramita.

-Dame una rosa roja -le gritó -, y te cantaré mis canciones más dulces.

Pero el rosal meneó la cabeza.

-Mis rosas son blancas -contestó-, blancas como la espuma del mar, más blancas que la nieve de la montaña. Ve en busca del hermano mío que crece alrededor del viejo reloj de sol y quizá el te dé lo que quieres.

Entonces el ruiseñor voló al rosal que crecía entorno del viejo reloj de sol.

-Dame una rosa roja -le gritó -, y te cantaré mis canciones más dulces.

Pero el rosal meneó la cabeza.

-Mis rosas son amarillas -respondió-, tan amarillas como los cabellos de las sirenas que se sientan sobre un tronco de árbol, más amarillas que el narciso que florece en los prados antes de que llegue el segador con la hoz. Ve en busca de mi hermano, el que crece debajo de la ventana del estudiante, y quizá el te dé lo que quieres.

Entonces el ruiseñor voló al rosal que crecía debajo de la ventana del estudiante.

-Dame una rosa roja -le gritó-, y te cantaré mis canciones más dulces.

Pero el arbusto meneó la cabeza.

-Mis rosas son rojas -respondió-, tan rojas como las patas de las palomas, más rojas que los grandes abanicos de coral que el océano mece en sus abismos; pero el invierno ha helado mis venas, la escarcha ha marchitado mis botones, el huracán ha partido mis ramas, y no tendré más rosas este año.

-No necesito más que una rosa roja -gritó el ruiseñor-, una sola rosa roja. ¿No hay ningún medio para que yo la consiga?

-Hay un medio -respondió el rosal-, pero es tan terrible que no me atrevo a decírtelo.

-Dímelo -contestó el ruiseñor-. No soy miedoso.

-Si necesitas una rosa roja -dijo el rosal -, tienes que hacerla con notas de música al claro de luna y teñirla con sangre de tu propio corazón. Cantarás para mí con el pecho apoyado en mis espinas. Cantarás para mí durante toda la noche y las espinas te atravesarán el corazón: la sangre de tu vida correrá por mis venas y se convertirá en sangre mía.

-La muerte es un buen precio por una rosa roja -replicó el ruiseñor-, y todo el mundo ama la vida. Es grato posarse en el bosque verdeante y mirar al sol en su carro de oro y a la luna en su carro de perlas. Suave es el aroma de los nobles espinos. Dulces son las campanillas que se esconden en el valle y los brezos que cubren la colina. Sin embargo, el amor es mejor que la vida. ¿Y qué es el corazón de un pájaro comparado con el de un hombre?

Entonces desplegó sus alas obscuras y emprendió el vuelo. Pasó por el jardín como una sombra y como una sombra cruzó el bosque.

El joven estudiante permanecía tendido sobre el césped allí donde el ruiseñor lo dejó y las lágrimas no se habían secado aún en sus bellos ojos.

-Sé feliz -le gritó el ruiseñor-, sé feliz; tendrás tu rosa roja. La crearé con notas de música al claro de luna y la teñiré con la sangre de mi propio corazón. Lo único que te pido, en cambio, es que seas un verdadero enamorado, porque el amor es más sabio que la filosofía, aunque ésta sea sabia; más fuerte que el poder, por fuerte que éste lo sea. Sus alas son color de fuego y su cuerpo color de llama; sus labios son dulces como la miel y su hálito es como el incienso.

El estudiante levantó los ojos del césped y prestó atención; pero no pudo comprender lo que le decía el ruiseñor, pues sólo sabía las cosas que están escritas en los libros.

Pero la encina lo comprendió y se puso triste, porque amaba mucho al ruiseñor que había construido su nido en sus ramas.

-Cántame la última canción -murmuró-. ¡Me quedaré tan triste cuando te vayas!

Entonces el ruiseñor cantó para la encina, y su voz era como el agua que ríe en una fuente argentina.

Al terminar la canción, el estudiante se levantó, sacando al mismo tiempo su cuaderno de notas y su lápiz.

"El ruiseñor -se decía paseándose por la alameda-, el ruiseñor posee una belleza innegable, ¿pero siente? Me temo que no. Después de todo, es como muchos artistas: puro estilo, exento de sinceridad. No se sacrifica por los demás. No piensa más que en la música y en el arte; como todo el mundo sabe, es egoísta. Ciertamente, no puede negarse que su garganta tiene notas bellísimas. ¿Qué lástima que todo eso no tenga sentido alguno, que no persiga ningún fin práctico!"

Y volviendo a su habitación, se acostó sobre su jergoncillo y se puso a pensar en su adorada.

Al poco rato se quedó dormido.

Y cuando la luna brillaba en los cielos, el ruiseñor voló al rosal y colocó su pecho contra las espinas.

Y toda la noche cantó con el pecho apoyado sobre las espinas, y la fría luna de cristal se detuvo y estuvo escuchando toda la noche.

Cantó durante toda la noche, y las espinas penetraron cada vez más en su pecho, y la sangre de su vida fluía de su pecho.

Al principio cantó el nacimiento del amor en el corazón de un joven y de una muchacha, y sobre la rama más alta del rosal floreció una rosa maravillosa, pétalo tras pétalo, canción tras canción.

Primero era pálida como la bruma que flota sobre el río, pálida como los pies de la mañana y argentada como las alas de la aurora.

La rosa que florecía sobre la rama más alta del rosal parecía la sombra de una rosa en un espejo de plata, la sombra de la rosa en un lago.

Pero el rosal gritó al ruiseñor que se apretase más contra las espinas.

-Apriétate más, ruiseñorcito -le decía-, o llegará el día antes de que la rosa esté terminada.

Entonces el ruiseñor se apretó más contra las espinas y su canto fluyó más sonoro, porque cantaba el nacimiento de la pasión en el alma de un hombre y de una virgen.

Y un delicado rubor apareció sobre los pétalos de la rosa, lo mismo que enrojece la cara de un enamorado que besa los labios de su prometida.

Pero las espinas no habían llegado aún al corazón del ruiseñor; por eso el corazón de la rosa seguía blanco: porque sólo la sangre de un ruiseñor puede colorear el corazón de una rosa.

Y el rosal gritó al ruiseñor que se apretase más contra las espinas.

-Apriétate más, ruiseñorcito -le decía-, o llegará el día antes de que la rosa esté terminada.

Entonces el ruiseñor se apretó aún más contra las espinas, y las espinas tocaron su corazón y él sintió en su interior un cruel tormento de dolor.

Cuanto más acerbo era su dolor, más impetuoso salía su canto, porque cantaba el amor sublimado por la muerte, el amor que no termina en la tumba.

Y la rosa maravillosa enrojeció como las rosas de Bengala. Purpúreo era el color de los pétalos y purpúreo como un rubí era su corazón.

Pero la voz del ruiseñor desfalleció. Sus breves alas empezaron a batir y una nube se extendió sobre sus ojos.

Su canto se fue debilitando cada vez más. Sintió que algo se le ahogaba en la garganta.

Entonces su canto tuvo un último destello. La blanca luna le oyó y olvidándose de la aurora se detuvo en el cielo.

La rosa roja le oyó; tembló toda ella de arrobamiento y abrió sus pétalos al aire frío del alba.

El eco le condujo hacia su caverna purpúrea de las colinas, despertando de sus sueños a los rebaños dormidos.

El canto flotó entre los cañaverales del río, que llevaron su mensaje al mar.

-Mira, mira -gritó el rosal-, ya está terminada la rosa.

Pero el ruiseñor no respondió; yacía muerto sobre las altas hierbas, con el corazón traspasado de espinas.

A medio día el estudiante abrió su ventana y miró hacia afuera.

-¡Qué extraña buena suerte! -exclamó-. ¡He aquí una rosa roja! No he visto rosa semejante en toda vida. Es tan bella que estoy seguro de que debe tener en latín un nombre muy enrevesado.

E inclinándose, la cogió.

Inmediatamente se puso el sombrero y corrió a casa del profesor, llevando en su mano la rosa.

La hija del profesor estaba sentada a la puerta. Devanaba seda azul sobre un carrete, con un perrito echado a sus pies.

-Dijiste que bailarías conmigo si te traía una rosa roja -le dijo el estudiante-. He aquí la rosa más roja del mundo. Esta noche la prenderás cerca de tu corazón, y cuando bailemos juntos, ella te dirá cuanto te quiero.

Pero la joven frunció las cejas.

-Temo que esta rosa no armonice bien con mi vestido -respondió-. Además, el sobrino del chambelán me ha enviado varias joyas de verdad, y ya se sabe que las joyas cuestan más que las flores.

-¡Oh, qué ingrata eres! -dijo el estudiante lleno de cólera.

Y tiró la rosa al arroyo.

Un pesado carro la aplastó.

-¡Ingrato! -dijo la joven-. Te diré que te portas como un grosero; y después de todo, ¿qué eres? Un simple estudiante. ¡Bah! No creo que puedas tener nunca hebillas de plata en los zapatos como las del sobrino del chambelán.

Y levantándose de su silla, se metió en su casa.

"¡Qué tontería es el amor! -se decía el estudiante a su regreso-. No es ni la mitad de útil que la lógica, porque no puede probar nada; habla siempre de cosas que no sucederán y hace creer a la gente cosas que no son ciertas. Realmente, no es nada práctico, y como en nuestra época todo estriba en ser práctico, voy a volver a la filosofía y al estudio de la metafísica."

Y dicho esto, el estudiante, una vez en su habitación, abrió un gran libro polvoriento y se puso a leer."

Oscar Wilde

LA PRINCESA Y EL PLEBEYO

"Una bella princesa buscaba consorte. Aristócratas y adinerados señores llegaron de todas partes para ofrecer maravillosos regalos: joyas, tierras, ejércitos y tronos. Entre los candidatos estaba un joven plebeyo que no tenía más riquezas que amor y perseverancia.

Cuando le llegó el momento de presentarse, dijo: "Princesa, te he amado toda mi vida. Como soy un hombre pobre, te ofrezco mi sacrificio como prueba de amor... Estaré cien días sentado bajo tu ventana, sin más alimentos que la lluvia y sin más ropas que las que llevo puestas. Esa es mi dote".

La princesa, conmovida por semejante gesto de amor, respondió: "Tendrás tu oportunidad. Si pasas la prueba, me desposarás".

El pretendiente soportó los vientos, la nieve y las noches heladas. Con la vista fija en el balcón de su amada, se mantuvo firme en su empeño día tras día. De vez en cuando la cortina de la ventana real dejaba traslucir la figura de la princesa, la cual, con un noble gesto y una sonrisa, aprobaba la faena.

Algunos optimistas habían empezado a planear los festejos. Al llegar el día noventa y nueve, todos los pobladores acudieron a animar al joven. Todo era alegría y jolgorio, hasta que de pronto, cuando faltaba una hora para cumplirse el plazo, ante el asombro de todos, el muchacho se levantó, y sin dar explicación alguna, se alejó lentamente del lugar.

Semanas después, cuando el plebeyo deambulaba por un solitario camino, un niño de la comarca le preguntó por qué se había retirado cuando estaba a un paso de lograr la mano de la princesa. Con lágrimas mal disimuladas, contestó en voz baja: "Si ella no me ahorró un día de sufrimiento, ni siquiera una hora, un minuto...no merecía mi amor".

EL AMOR Y LA LOCURA

Cuentan que una vez se reunieron en un lugar de la tierra todos los sentimientos y cualidades de los hombres.

Cuando EL ABURRIMIENTO había bostezado por tercera vez, LA LOCURA, como siempre tan loca, les propuso: ¿Jugamos al escondite?

LA INTRIGA levantó la ceja intrigada, y LA CURIOSIDAD, sin poder contenerse preguntó: ¿al escondite? ¿Y cómo es eso?

Es un juego – explicó LA LOCURA- , en que yo me tapo la cara y comienzo a contar desde uno hasta un millón mientras ustedes se esconden, y cuando yo haya terminado de contar, el primero de ustedes que encuentre ocupará mi lugar para continuar el juego.

EL ENTUSIASMO bailó secundado por LA EUFORIA.

LA ALEGRÍA dio tantos saltos que terminó por convencer a LA DUDA, e incluso a la APATÍA, a la que nunca interesaba nada.

Pero no todos quisieron participar, LA VERDAD prefirió no esconderse ¿para qué? Si al final siempre la hallaban, la SOBERBIA opinó que era un juego muy tonto (en el fondo lo que le molestaba era que la idea no hubiese sido de ella) y LA COBARDIA prefirió no arriesgarse…

Uno, dos, tres… comenzó a contar LA LOCURA.

La primera en esconderse fue LA PEREZA, que como siempre se dejó caer tras la primera piedra del camino.

La FE subió al cielo y LA ENVIDIA se escondió tras la sombra del TRIUNFO que con su propio esfuerzo había logrado subir a la copa del árbol más alto.

LA GENEROSIDAD casi no alcanzaba a esconderse, cada sitio que hallaba le parecía maravilloso para alguno de sus amigos…que si un lago cristalino, ideal para LA BELLEZA, que si la rendija de un árbol, perfecto para LA TIMIDEZ, que si el vuelo de una ráfaga de viento, magnífico para LA LIBERTAD. Así terminó por ocultarse en un rayito de Sol.

EL EGOISMO en cambio encontró un sitio muy bueno desde el principio, ventilado, cómodo… pero sólo para él.LA MENTIRA se escondió en el fondo de los océanos (mentira, en realidad se escondió detrás del arcoíris) y LA PASIÓN Y EL DESEO en el centro de los volcanes.

EL OLVIDO… se me olvidó donde se escondió…pero eso no es lo importante. Cuando LA LOCURA contaba 999.999, EL AMOR aún no se había encontrado sitio para esconderse, pues todo se encontraba ocupado…hasta que encontró un rosal y enternecido decidió esconderse entre sus flores.

Un millón, – contó LA LOCURA- y comenzó a buscar.

La primera en aparecer fue LA PEREZA sólo a tres pasos de una piedra.

Después se escuchó a LA FE discutiendo con DIOS en el cielo sobre teología y a LA PASIÓN y EL DESEO los sintió en el vibrar de los volcanes.

En un descuido encontró a LA ENVIDIA y claro, pudo deducir donde estaba EL TRIUNFO.

AL EGOISMO no tuvo ni que buscarlo, el sólo salió de su escondite, había resultado ser un nido de avispas.

De tanto caminar sintió sed y al acercarse al lago descubrió LA BELLEZA y con la DUDA resultó más fácil todavía pues la encontró sentada sobre una cerca sin decidir aún de qué lado esconderse.

Así fue encontrando a todos, EL TALENTO entre la hierba fresca, a LA ANGUSTIA en una oscura cueva, a LA MENTIRA detrás del arcoiris (mentira, si ella estaba en el fondo del océano) y hasta EL OLVIDO…que ya se le había olvidado que estaban jugando al escondite, pero sólo EL AMOR no aparecía por ningún sitio, LA LOCURA buscó detrás de cada árbol, cada arroyuelo del planeta, en la cima de las montañas y cuando estaba por darse por vencida divisó un rosal y las rosas… y tomó una horquilla y comenzó a mover las ramas, cuando de pronto un doloroso grito se escuchó. Las espinas había herido en los ojos AL AMOR; LA LOCURA no sabía qué hacer para disculparse, lloró, imploró, pidió perdón y hasta prometió ser su lazarillo.

Desde entonces, desde que por primera vez se jugó al escondite en la tierra…
EL AMOR ES CIEGO Y LA LOCURA SIEMPRE LO ACOMPAÑA

Mario Benedetti

CUANDO EL GRAN ESPÍRITU NOS LLAMA A CASA

No hace mucho tiempo, en un pacífico lugar del mundo, vivían Anucktoovick y su esposa Koyucktuck. Durante muchos, muchos años, la tierra del fértil valle de Matanuska había sido su hogar. Y antes de ellos, el pueblo de sus padres y sus abuelos había pescado, cultivado cazado a orillas del gran río. Enamorados desde su infancia, Anucktoovick y Koyuctuck habían seguido los caminos del Gran Espíritu.

Viviendo con los ciclos de la Madre Naturaleza, eran sabios administradores del suelo y la vida silvestre que la tierra albergaba. El paso de muchas estaciones había grabado recuerdos en su corazón, sabiduría en su espíritu y dejado escrita su historia en profundas líneas sobre sus caras. Desde el amanecer de su amor hasta el ocaso de su vida, Anuck y Koyuck habían sido bendecidos. Pero ahora en el crepúsculo, Anuck ya no se movía con el paso liviano y rápido de un león en la montaña. Y Koyuck que alguna vez había bailado con la gracia de una gacela de cola blanca, ahora andaba lentamente, como las tortugas del bosque.

Después de terminar sus tareas cotidianas, ambos seguían el sendero del bosque hasta la margen del río. Juntos o separados, observaban las corrientes de agua que fluían llevando de vuelta todo sedimento hacia la Gran Madre Mar. Como el útero acuoso del cual un día habían amanecido a este mundo provenientes del Gran Espíritu, en el ocaso de sus vidas su cuerpos serán colocados sobre un jergón ardiendo, y conducidos como sedimento del río, hacia la unidad con la Gran Madre Mar, de la cual provenían. Un anoche, durante el ocaso, Anuck se sentó y permaneció como una silueta fantasmal contra la plateada cinta ondulante del río. -Viejo, ¿estás dormido? Estabas tan quieto que pensé que el Gran Espíritu te había llamado a casa. -aún no, mi querida amiga y esposa- contestó él en un susurro. Tomándole la mano, la acercó a su lado sobre el tronco en que estaba sentado. Con lágrimas en los ojos la miró y le dijo suavemente,- mi tiempo de partir se acerca. Puedo sentir al Gran Espíritu llamándome a casa. Koyuck apoyó su mano arrugada sobre la curtida mejilla de su esposo. - ¿Cómo sabes que el Gran Espíritu te está llamando, mi amor? -Sé que me está llamando porque el canto de los pájaros llega suave a mis oídos como si los escuchara a través de una densa niebla. Sé que el Gran Espíritu me llama porque cuando miro al horizonte, los rebaños de caribú y alces se desvanecen en una sola forma como una charca enturbiada después de una tormenta. Sé que el Gran Espíritu me llama porque siento la piel de la Madre Tierra bajo mis pies como si caminara sobre punzantes guijarros.

Sé que me llama porque a veces, mi corazón late con violencia dentro del pecho como si persiguiera a un gato montés escalando una escarpada montaña, y a veces mi aliento es tan dificultoso que pienso que el Gran Espíritu ya me ha llamado y esto que permanece es sólo una cáscara de carne. Puedo escuchar al Gran Espíritu llamarme de muchas maneras. Escucho su voz en el viento, en mis sueños, en mis visiones, en las cosas que conozco. Y pronto, vieja, será tiempo de decir nuestros adioses. Después de un largo rato de silencio, la anciana habló: -Queridísimo esposo, ambos somos ciertamente afortunados de tener tiempo de decir nuestros adioses. El Gran Espíritu parece llamar a muchos con la rapidez del latir de las alas de una mariposa, y todos sus adioses se quedan sin pronunciar. Algunos son llamados una y otra vez, pero están demasiado lejos del Espíritu y demasiado temerosos de decir sus adioses y en su temor se aferran a la vida más allá de la alegría de vivir, hasta que son solamente un despojo de huesos. Pero he observado a otros decir sus adioses con cada caída del sol, sin dejar nada pendiente para mañana. Cuando el Gran Espíritu los llama son libres para partir y se van bellamente como fuegos bailarines, cabalgando en ligeras alas de humo hacia el Mundo del Espíritu. - Si- dijo el anciano-. Esos son los sabios. No guardan ninguna carga de la vida en sus corazones. Para irse con gracia y belleza al Mundo del Espíritu las memorias de nuestro corazón deben pesar tanto como una pluma.

Sin embargo, cuando examino mi corazón, muchas de esas imágenes son pesadas y duras como rocas, y los recuerdos que danzan en mi mente esconden tristeza, ira y dolor. Si sopesara mi corazón con una pluma, sería arrastrado con pesadez hasta el fondo del pozo más profundo y oscuro, en lugar de remontar vuelo en las alas de un águila hacia el mundo de los rayos dorados del sol. Al día siguiente el anciano le dijo a su esposa: "No prepares a partir de ahora más carne para mí. Sólo comeré avena y sopa". Dicho esto, mandó anunciar a sus hijos, hijas y vecinos, amigos y antiguos enemigos, que le había llegado la hora de decir adiós.

Era tiempo de limpiar la memoria de su corazón hasta que estuviera fresca y clara como el agua de un manantial. Cada día a Anuck, se sentaba con un ser querido en sagrada ceremonia, hablando, compartiendo, perdonando. Se reunían junto al arroyo del bosque y dejaban que sus recuerdos burbujearan hacia la superficie. Dejaban que sus corazones expresaran todo lo que yacía enterrado en ellos. Y haciéndolo, lavaban sus espíritus. Mientras quemaban maderas aromáticas, cada cual ofrecía plegarias de perdón al Gran Espíritu que habita en todos los seres y en todas las cosas. A cada persona que se sentaba con él junto al arroyo, el anciano pedía en un susurro:" Por todo aquello que hice y que no hice te pido perdón" Y a menudo se abrazaban y lloraban juntos hasta que ya no quedaran más lágrimas que llorar.

Y cada uno le fue diciendo a Anuck "Por toda la sabiduría y las lecciones que me enseñaste, ayudándome a ser fuerte, valiente y seguro, te doy las gracias" Luego, cuando sólo quedaba gratitud y paz entre ellos, reían y reían juntos hasta que ya no quedara más risa. Finalmente, cuando la imagen de su corazón era ya liviana como una pluma, se abrazaban con un adiós diciendo: "Que el Espíritu te acompañe en todos tus caminos, Kagatoe, Paz" Después de que todos los familiares y amigos que quedaban sobre la Gran Madre Tierra hubieron terminado, él le dijo a su esposa: -Koyuck, hay seres queridos que han partido al mundo del Espíritu pero que aún viven en mi corazón, y debo decirles adiós a ellos también. Entonces salió una noche estrellada, y se sentó en la ladera de una colina. Mirando el cielo, eligió una estrella radiante que le recordara el alma-espíritu de todos los seres queridos ya idos. Y allí dejó fluir su corazón hacia esa estrella, derramando todos los recuerdos de palabras y sentimientos no expresados, que aún se demoraban en las sombras de su corazón. Luego, en la quietud de la noche, Anuck dejaba hablar a esas almas-espíritus en los espacios abiertos de su corazón. Y esa gran distancia que se había establecido entre ellos durante tanto tiempo pareció disolverse, como si se encontraran ahora en un abrazo amoroso.

En los días y semanas que siguieron, Anuck dijo sus adioses a todas las criaturas de esta Tierra Madre que él había venido a amar. Caminaba lenta y reverentemente alrededor de su granja, agradeciendo a cada animal, pájaro, insecto, a cada árbol y cada piedra por sus regalos especiales. Caminaba a la orilla del río cantando alabanzas a los sapos, los peces, y los espíritus del agua. Caminó también por las colinas, llamando a las montañas, al viento, al cielo. Esperó que saliera la luna y las estrellas, agradeciéndole a cada cual sus regalos. Luego volvió a su casa, y se sentó junto al fuego de la cocina. Allí rezó agradeciéndole al espíritu del hogar y de la leña que habían mantenido abrigada y protegida a su familia por muchos inviernos. El fuego bailó y brincó en respuesta a sus plegarias. Cada mañana Anuck se desembarazaba de algún otro estrato de memorias que lo mantenían aferrado a la tierra. Finalmente se deshizo de sus posesiones. Le dio sus caballos a aquellos de sus hijos que amaban a los animales y conocían su magia. Regaló sus tambores a aquellos de sus hijos que amaban la música y conocían su magia, y luego regaló el cuidado de sus frutales y de su jardín a sus nietos para que ellos pudieran trabajar en armonía con la Naturaleza, proporcionar alimento a sus familias y saborear los dulces ciclos de la vida. Por último, se despidió de su esposa. Juntos, Anuck y Koyuck recogieron hierbas y menta dulce. Se restregaron mutuamente los cuerpos con las hojas machacadas de las hierbas y orando al Gran Espíritu, rogaron que todos los lazos terrenales entre ellos se cortaran y fueran arrojados a su Fuego Purificador. Quemaron las hojas de hierba y menta y una dulzura impregnó el aire. Fumaron la pipa juntos he hicieron el sagrado viaje de ir y venir, atar y desatar, como era la costumbre. Después de su ceremonia Anuck dijo: -Koyuck, no me prepares más avena y sopa. De ahora en adelante, sólo comeré caldo, té o jugo de fresas. Pronto todos sus adioses ya habían sido dichos. Las imágenes de su mente danzaban en luz y ya no quedaban lugares de piedra en su corazón. Se encontraban libres de tristezas, dolor y enojo.

Todos sus recuerdos pesaban lo que una pluma, y él estaba lleno de gratitud para con su vida. Entonces dijo a su esposa: -No me prepares más caldo, té ni jugo de fresas, porque en adelante sólo tomaré agua de lluvia fresca, bendecida por los Hacedores de la Niebla. Anuck mandó llamar a la partera que ayuda a nacer a las almas al mundo del Espíritu. Entonces se acostó en la cama. Durante tres días la partera espiritual bailó alrededor de su cama, cantando" Una kant por chuna. Una kant por chuna, Anuck, es tiempo de soltar. Entrega tu cuerpo al Guardián del Espíritu. Es hora de seguir a tu espíritu hacia la luz." Movía sus manos y sacudía cascabeles de colores sobre su vientre, su corazón, garganta y cabeza. Sobre cada uno de estos centros espirituales decía: "Una Kant por chuna, Anuck, es hora de dejar tu forma terrenal." Koyuck, lavaba y aceitaba el cuerpo de su esposo "Oua, Iowa, Ulloa, mía, amar..." Suavemente cantaba canciones de amor a Anuck, canciones de amor que él le había cantado muchas veces. Las lágrimas no dejaban de fluir de sus ojos y caían por sus mejillas hasta alcanzar también la cara de su amado. Le dio un beso de amor susurrando muy queda:"Una Kant por chuna, Anuck, ha llegado la hora de soltar". Sus hijas golpeaban con gentileza los brazos y piernas de su padre."Oua wa baba..." le cantaban dulces canciones de cuna, las mismas canciones que el le había cantado cuando las mecía en sus brazos. Le dieron un beso de adiós cantando "Una kant por chuna, Papá, es hora de soltar". Al tercer día el Espíritu del anciano comenzó a abandonar el cuerpo. Grito: ¡Mamá, papá! Por última vez, Anuck, abrió los ojos, sonrió débilmente a su familia reunida alrededor de la cama y susurró maravillado: -Han venido por mí. Mamá, papá han venido a llevarme a casa. Y entonces su familia vio una brumosa espiral blanca de luz que salía de su cabeza, giró en el aire, se detuvo un momento. Y sin un sonido desapareció a través el techo sobre su cabeza. -El espíritu de Anuck se ha ido a casa- dijo la partera-Sólo queda aquí su vasija terrenal vacía. Sus hijos, nietos y biznietos juntaron ramas secas del suelo del bosque. Construyeron una balsa de troncos junto al río. Con flores silvestres de los campos, con canciones y lágrimas.

La familia y los amigos dijeron adiós a la forma que se había movido y bailado unida al espíritu de Anuck. Luego ofrecieron esa forma vacía al espíritu del fuego. La balsa de troncos se alejó río abajo con su cola de fuego hasta que el cuerpo de Anuck, las flores y ella misma no fueron más que cenizas. Y el espíritu del río continuó llevando las finas partículas de polvo a reunirse con la Gran Madre Mar. Anuck fue llorado y extrañado. Muchos se entristecieron con su ausencia. Para algunos las lágrimas caían como lluvia. En otros brotaban gemidos de trueno. Pero las lágrimas de su familia se deslizaron como gotas de rocío resbalando de los pétalos de una rosa temprano en la mañana. Sabían que su abuelo, había sido un hombre gentil, bueno y sabio. Con el correr del tiempo, después del dolor, las lágrimas y la tristeza, una profunda paz fue ocupando el lugar que Anuck había dejado en sus corazones. La ancestral sabiduría y conocimiento de su pueblo se agitó en sus almas. Cada uno supo en su interior que el anciano seguía viviendo en el Mundo del Espíritu; que la muerte era solamente un cambio de forma, un pasaje a otros reinos y que la vida es eterna. Sabiendo esto, en las fiestas y celebraciones familiares Anuck fue siempre recordado y honrado. Junto con sus otros ancestros era invocado para que desde el Mundo del Espíritu se sumara a la alegría y a la celebración.

En sueños, Anuck regresaba a los más jóvenes, y les traía historias con enseñanzas y canciones. Historia que las siguieron contando toda su vida. Historias que los mayores y los seres queridos contaron y cantaron en celebraciones y ritos de pasaje. Tanto en aquellas historias como en esta, el espíritu de Anuck permanece vivo, guiando y enseñando. Tal como la vida toda.

Shinan Naom Barclay

Cuento extraído del libro, El buen morir, Hugo Dopaso (2005) ed. Deva's

LAS CARTAS DE AMOR

Ellos se conocieron por casualidad, que es como se suelen encontrar los grandes amores, casi siempre por casualidad, por una llamada equivocada, por un encuentro fortuito. A ellos lo que les pasó fue que él había quedado en aquel café con una persona que no vino, y claro, la vio a ella sentada en la mesa del café, radiante, así que, harto de esperar no se cortó un pelo y dijo:

—"ya que he venido hasta aquí, no puedo desaprovechar esta ocasión".

Se acercó a la mesa y dijo:

—"¿Me permite?"

—"Por supuesto"

Esto solo suele pasar en las historias que te cuentan otros, nunca en la vida real, por lo general cuando dices:

—"Me permites", dicen

—"De qué"

A lo mejor ella estaba esperando a alguien que tampoco vino, quién sabe, yo qué sé, habrá que inventar otra historia en la que ella le dice "De qué", en este caso ella lo invitó a él para que se sentase, y él se sentó. Y claro, no había de qué hablar,

—"¿y qué lees?"

Lo malo fue que él no había leído nada del escritor que ella estaba leyendo, mal empezamos, mal, muy mal, por ahí no.

—"Pues bonito día"

Pero enseguida empezaron a profundizar, porque ella dijo

—"Sí, la verdad es que hace un bonito día"

Y aunque no lo hiciera. Pero poco a poco él fue venciendo esa timidez que le caracteriza y fueron profundizando. Al principio él para llamar su atención contó una que otra mentira, que era escritor, luego reconoció que nunca le habían publicado nada, pero eso vino más tarde, cuando ya se conocían más, cuando pasaron del café a la habana con coca cola.

Por entonces ya estaban descubriendo que tenían más afinidades de las que pensaban al principio, y compartían gustos cinematográficos, y por eso él le dijo

—"Oye, y si vamos a ver esta, ¿has visto La vida es bella?" y ella

—"No",

—"Oye quedamos el fin de semana",

—"Vale".

Y aquel fin de semana pues, yo no sé muy bien si para sorprenderla o no, pero el caso es que él rompía a llorar en cada escena en la que aparecía el chaval pequeño, esto a ella le enterneció, yo quiero pensar que era de verdad.

Resulta que coincidían en más gustos, y también en lo musical, y le dijo:

—"Oye, este fin de semana toca Ismael Serrano",

—"Ismael qué?",

—"Pero a ti te gustan los cantautores?",

—"Los de verdad me gustan".

Pero él le convenció a ella y fueron. Cuando él empezó a cantar aquella de Vértigo, pues se atrevió a cogerle la mano.

Y poco a poco se fueron inevitablemente enamorando, pero no por esto de Ismael Serrano, ni por el Vértigo, quizá más por aquello de llorar con La vida es bella.

Una mañana él se levanta y al abrir los ojos se da cuenta de que está perdidamente enamorado de ella, y quedaron entonces en aquel café en el que se conocieron por casualidad. Los momentos importantes suelen coincidir casi siempre en los mismos sitios, no estoy muy seguro de lo que acabo de decir, pero es una buena frase. Pero fue en aquel café en donde ella le dijo:

—"Sabes, creo que me tengo que ir durante algún tiempo",

—"Yo te iba a decir casi lo contrario, que te quedaras conmigo para toda la vida", y ella dijo –"No te preocupes porque yo estaré esperando el día que vuelva para retomar contigo este camino que emprendimos, además, cada quince días puntualmente te mandaré una carta en la que te contaré todo lo que hecho, todo lo que siento, todo lo mucho que te echo de menos, y todo lo poco que nos falta para vernos",

El dijo que bueno, que vale

—"Pero que si no te vas casi mejor".

Pero se fue.

Fue entonces cuando descubrió que aquello no tenía remedio y que estaba perdidamente enamorado, que no había ningún elixir que hiciera que la olvidase, que no era cierto aquella de que un clavo saca otro clavo, que a veces es cierto que los amores a primera vista existen, bueno, ¿es que acaso hay otros?

A los quince días puntualmente llegó la carta de ella toda llena de besos y de caricias, de te echo de menos, él lloró, y esta vez era de verdad. Y guardaba las cartas con mucho cariño encima de la mesilla. Pasaron quince días, y otros quince, y otros quince, y otros quince, y las cartas se iban acumulando. Y su vida consistía en esperar a que llegara el decimoquinto día, abrir el buzón y encontrar la carta de amor en la que ella prometía volver, esperar esa carta en la que ella le diría que volvía pronto. Y pasaron años, muchos años, y ya las cartas casi no cabían en la casa, se compró una gran caja fuerte para guardar todas las cartas, porque eran su gran tesoro, porque vivía para leer las cartas que ella le había escrito, porque ella era lo que más quería, y así pasaron creo que diez años, quince, no me acuerdo.

Y un día ella, sin saber cómo ni por qué, dejó de escribir, y al quince día él se encontró el buzón vacío, y el alma partida en dos.

Ahora solo podía vivir del recuerdo, leyendo las cartas que ella le había escrito con tanto cariño, aquellas cartas eran su mayor tesoro.

Un día él salió de casa, porque tenía que salir, y unos ladrones entraron en su casa. Al ver allí la gran caja fuerte no se lo pensaron dos veces, porque pensaron que debían esconder algún gran tesoro, grandes riquezas, realmente no era. Y se llevaron la gran caja fuerte.

Imagínate la desolación de nuestro protagonista cuando llega a su casa y se da cuenta de que le han robado lo que él más quería, lo que le hacía sentirse vivo algunas tardes de domingo cuando no sonaba el jodido teléfono, cuando releía aquellas cartas y aquellas promesas quién sabe si falsas.

Suele pasar que los ladrones son buenas personas, y este era el caso. Pero imagínate la cara de los ladrones cuando abren la caja fuerte y se encuentran montones de cartas de amor, declaraciones imposibles. El jefe de los ladrones se enfadó un poquito, pues la caja pesaba, y llevarla a la guarida no era moco de pavo.

Nuestro hombre vagaba casi moribundo por las calles de su ciudad, con la esperanza de encontrar alguna carta, a alguien que le hablara de una gran caja fuerte llena de cartas, perdido sin saber ya qué hacer.

El jefe ladrón lo que dijo es que aquellas cartas lo que había que hacer era quemarlas o tirarlas al río, lo que fuera, pero que desaparecieran de inmediato. Pero el más joven de los ladrones era más bueno, y se le ocurrió una gran idea.

Un día nuestro hombre llegó a casa después de estar buscando toda una tarde, y al abrir el buzón ¿Adivina lo que se encontró?... Una carta. Los ladrones habían decidido mandarle las cartas tal y como ella se las había mandado, puntualmente cada quince días, por riguroso orden.

Ahora él resucitaba con la esperanza de revivir aquellos momentos en los que quizá un día leería la carta en la que ella diría:

—"Pronto estaré allí".

Eduardo Galeano

<u>**El AMOR**</u>

En la selva amazónica, la primera mujer y el primer hombre se miraron con curiosidad. Era raro lo que tenían entre las piernas.

- Te han cortado?- preguntó el hombre.

- No-dijo ella-. Siempre he sido así.

El la examinó de cerca. Se rascó la cabeza. Allí había una llaga abierta.

Dijo:

- No comas yuca, ni plátanos, ni ninguna fruta que se raje al madurar. Yo te curaré. Échate en la hamaca y descansa.

Ella obedeció. Con paciencia tragó los menjunjes de hierbas y se dejó aplicar las pomadas y los ungüentos. Tenía que apretar los dientes para no reírse, cuando él le decía:

- No te preocupes.

El juego le gustaba, aunque ya empezaba a cansarse de vivir en ayunas y tendida en la hamaca. La memoria de las frutas le hacía agua la boca.

Una tarde, el hombre llegó corriendo a través de la floresta. Daba saltos de euforia y gritaba:

- Lo encontré! Lo encontré!

Acababa de ver al mono curando a la mona en la copa de un árbol.

- Es así -dijo el hombre, aproximándose a la mujer.

Cuando terminó el largo abrazo, un aroma espeso, de flores y frutas, invadió el aire. De los cuerpos, que yacían juntos, se desprendían vapores y fulgores jamás vistos, y era tanta su hermosura que se morían de vergüenza los soles y los dioses.

Eduardo Galeano

EL TAZÓN DE MADERA

Un anciano se fue a vivir con su hijo, su nuera y su nieto de cuatro años.
Ya las manos le temblaban, su vista se nublaba y sus pasos flaqueaban.
La familia completa comía juntos en la mesa,
pero las manos temblorosas y la vista enferma del anciano hacían el alimentarse un asunto difícil.

Los guisantes caían de su cuchara al suelo y cuando intentaba tomar el vaso, derramaba la leche sobre el mantel.
El hijo y su esposa se cansaron de la situación.
"Tenemos que hacer algo con el abuelo", dijo el hijo. "Ya he tenido suficiente".

"Derrama la leche, hace ruido al comer y tira la comida al suelo".
Así fue como el matrimonio decidió poner una pequeña mesa en una esquina del comedor.
Ahí, el abuelo comía solo mientras el resto de la familia disfrutaba la hora de comer.
Como el abuelo había roto uno o dos platos, su comida se la servían en un tazón de madera.

De vez en cuando miraban hacia donde estaba el abuelo y podían ver una lágrima en sus ojos mientras estaba ahí sentado solo.

Sin embargo, las únicas palabras que la pareja le dirigía, eran fríos llamados de atención cada vez que dejaba caer el tenedor o la comida.

El niño de cuatro años observaba todo en silencio.

Una tarde antes de la cena, el papá observó que su hijo estaba jugando con trozos de madera en el suelo.

Le pregunto dulcemente: "¿Que estás haciendo?"

Con la misma dulzura el niño le contestó:

"Ah, estoy haciendo un tazón para ti y otro para mamá para que cuando yo crezca, ustedes coman en ellos."

Sonrió y siguió con su tarea.

Las palabras del pequeño golpearon a sus padres de tal forma que quedaron sin habla.

Las lágrimas rodaban por sus mejillas.

Y, aunque ninguna palabra se dijo al respecto, ambos sabían lo que tenían que hacer.

Esa tarde el esposo tomo gentilmente la mano del abuelo y lo guio de vuelta a la mesa de la familia.

Por el resto de sus días ocupo un lugar en la mesa con ellos.

Y por alguna razón, ni el esposo ni la esposa parecían molestarse más, cada vez que el tenedor se caía, la leche se derramaba o se ensuciaba el mantel.

Jacob Grimm

EL AMOR EN MI VIDA

"Hermosa doncella que te cruzaste en mi camino y me tomaste por sorpresa impregnado toda mi existencia dándole color y sentido a mi vida."

Hermosa doncella…

"No sé si yo me di cuenta o solo percibí una sensación que las cosas que no me eran" claras ahora se me develaban a mis ojos y a mi ser, lo bello de la naturaleza y la existencia misma."

Hermosa doncella…

"Tal vez mi cuerpo ya usado por los años pueda desafinar ante tu sentidos, pero lo que si estoy seguro es que en estos momentos la música que sale a través de él es muy dulce y en armonía con la vida."

Hermosa doncella…

"Somos aves de paso, escuche alguna vez por allí, pero sé también que podemos hacer algo maravilloso con ese tiempo regalado, ahora que escucho a mi hermosa doncella puedo decir que mi existencia sea corta o larga la quiero llenar de significado."

Hermosa doncella…

"Soy testigo que la vida me ha dado mucho y también yo a ella, que ha pintado mi existencia con cuadros tristes y alegres también lo sé, pero lo que me angustia es si poder colaborar con ella en acompañar a otras vidas a que puedan dejarse sorprender por la hermosa doncella que a mí también me sorprendió y llenó de sentido mi vida."

Hermosa doncella…

"Esto que siento es porque la vida misma disfrazada de una hermosa doncella me cautivó y me envolvió en su belleza llena de sentido. Es así como siento que el amor viene sembrando en mi existencia."

Hermosa doncella…

"Y cuando llegue el final de mi existencia, desearía que me abrases y me impregnes de todo tu significado para que la muerte, solo le quede muy poco que llevarse."

Eduardo Yépez

EROS, PSIQUE Y UN AMOR PROHIBIDO

El mito de Eros y Psique que relata los escritos de Apuleyo en su obra *Metamorfosis*, Psique era la hija menor del rey de Anatolia, además de la más bonita y envidiada joven del reino. En un arrebato de celos debido a la hermosura de Psique, la diosa Afrodita mandó a su hijo Eros (Cupido) que hiciera que Psique se enamorara perdidamente del hombre más feo, desagradable y mezquino del reino.

Aunque la misión estaba clara, Eros no pudo resistirse a los encantos de Psique y se enamoró perdidamente de ella, y tiró la flecha al mar. En el momento en que vio que Psique se dormía, Eros la abrazó y la llevó volando hasta su castillo.

Una vez hubo llegado al palacio, y para conseguir que su madre no descubriera que Psique habitaba en el palacio, retuvo a la hermosa joven en una recámara. Noche tras noche, Eros acudía a la habitación de Psique y, a oscuras, hacían el amor. Eso le aseguraba a Eros permanecer en el misterio, puesto que Psique nunca veía sus rasgos faciales ni ningún otro detalle de su fisionomía. Eros nunca reveló su verdadera identidad a la joven, pero el idilio era total. Sin embargo, en uno de sus encuentros nocturnos, Psique le explicó a su enamorado que extrañaba a sus hermanas y que quería regresar a su reino para poder verlas. Eros accedió a la pretensión de Psique, pero le avisó que sus hermanas querrían separarla de él. Durante el día siguiente, Psique se reencontró con sus hermanas, quienes muertas de envidia le preguntaron quién era su enamorado.

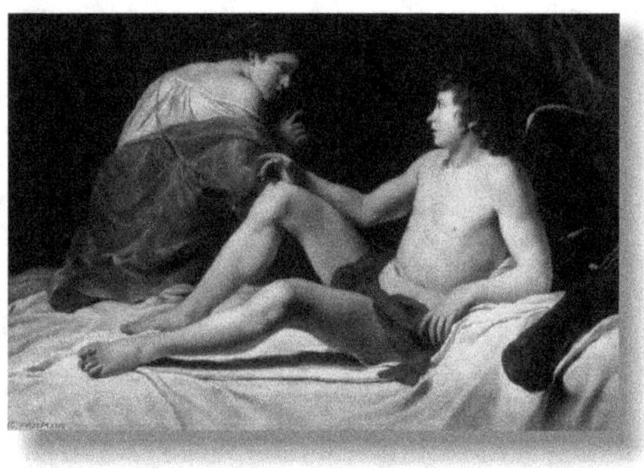

Psique, que nunca había podido ver a Eros, fue incapaz de contarles a sus hermanas cómo era su enamorado. Después de muchos titubeos y algunas excusas, finalmente se derrumbó y les contó la verdad: que no conocía el rostro ni la identidad de su marido. En ese momento, las hermanas se sorprendieron y convencieron a Psique para que, en uno de los encuentros con el chico, encendiera un candelabro para poder vislumbrar la cara del misterioso hombre, argumentando que solamente un ogro o un monstruo ocultarían su verdadero aspecto físico.

Dicho y hecho: ya de regreso al palacio, en uno de sus posteriores encuentros, Psique aprovechó un momento en que Eros estaba dormido a su lado para encender una lámpara y así poder contemplar su rostro. Una gota de aceite incandescente de la lámpara, por mala fortuna, cayó sobre el cuerpo de

Eros, quien se despertó y, muy decepcionado con Psique, abandonó la recámara donde ambos se encontraban.

Cuando Psique cayó en la cuenta de la situación, salió de la habitación en busca de Afrodita, para rogarle que consiguiera devolver el amor de Eros hacia ella. No obstante, la vengativa diosa, le ordenó llevar a cabo cuatro tareas de una dificultad extrema si quería volver a enamorar a Eros. Psique, entre otras tareas, debía acudir en busca de Hades y reclamar a Perséfone, la reina del inframundo, una parte de su belleza, que Psique depositaría en una caja que le había entregado la diosa Afrodita.

Psique decidió subir a la parte más alta de una torre, puesto que estaba convencida de que el trayecto más corto hacia el inframundo sería la muerte. Justo cuando se disponía a lanzarse al vacío, una voz nerviosa le detuvo. Psique escuchó las palabras de la persona que había acudido en su ayuda. Según sus indicaciones, había una forma más sencilla de entrar al inframundo y regresar con vida. Le señaló en un mapa una precisa ruta para conseguirlo; una ruta no exenta de peligros y dificultades, como por ejemplo la presencia del perro Cerbero o de Caronte, el barquero de Hades.

Psique supo apaciguar a Cerbero cuando lo tuvo delante, entregándole un rico pastel. Más tarde, teniendo que lidiar con Caronte, supo apañárselas para ganarse su confianza, a base de una buena propina económica para que el barquero la trasladase a Hades. Una vez pudo llegar al inframundo, Perséfone no tuvo ningún impedimento para ayudar a Afrodita, y cedió parte de su belleza, depositándola en la caja que traía Psique consigo.

Psique abandonó el inframundo y decidió abrir la caja y tomar un poco de la belleza para sí misma, pensando que, si incrementaba su belleza, Eros le amaría con toda seguridad. Eros, que ya la había perdonado, voló hacia ella, e imploró a Zeus y Afrodita su consentimiento para poder contraer matrimonio con Psique. Los dioses finalmente aprobaron la unión, y Zeus convirtió a Psique en un ser inmortal.

Afrodita olvidó sus envidias y celebró el matrimonio de los jóvenes. La hija de Psique y Eros fue llamada Placer o, en la mitología romana, Voluptas.

Conclusiones

Estimados lectores hemos llegado al final de este viaje por los mares del amor donde eh compartido con ustedes diversos temas que nos han llevado a la reflexión y sobre todo a poder comprender y entender al amor en su total magnitud.

No eh pretendido que este proyecto haya sido un manual para poder amar mejor, no sufrir y sobre todo no morir en el primer encuentro con él. No ha sido un recetario de consejos ni de ejemplos de cómo relacionarnos cuando nos enamoramos. Sino todo lo contrario que al fundirnos dentro de él podamos descubrir en nosotros la forma en que estamos amando.

Al recorrer este camino primero hablamos de definir los límites del amor donde vimos en primer lugar intentar definirlo para lo cual se hizo una encuesta a 80 jóvenes de ambos sexos para que nos definieran lo que es el amor para ellos. Los resultados nos mostraron que entre ambos sexos no había mucha diferencia. Por lo que recurrimos a varios expertos como Erik Fromm, el amor para él es la respuesta al problema de la existencia humana, puesto que el desarrollo de éste conlleva a una disolución del estado de separación o separatividad sin perder la propia individualidad.

El psicólogo Stemberg el amor para él lo define en tres ejes y la llamo la teoría triangular del amor. Según esta referencia estos tres componentes son el compromiso, la intimidad y la pasión

Según Walter Riso para él hay existen cuatro pilares del amor: Amar sin perderse a uno mismo, amar sin obsesiones, amar sin miedo a perder y amar con plena libertad.

Para Max Scheler filósofo alemán define al amor como la fuente de la actividad ética, como la tendencia o el acto que intenta dirigir todas las cosas en la dirección de su perfección de valor que le es propia y las dirige cuando no hay impedimentos, la acción es edificante y constructiva en el mundo y sobre el mundo es la esencia del amor

 Para Viktor Frankl el amor constituye la única manera de aprehender a otro ser humano en lo más profundo de su personalidad. Nadie puede ser totalmente conocedor de la esencia de otro ser humano si no le ama.

Según Freud: la manera en la que cada uno ha sido querido, el lugar que ha ocupado en el seno familiar (o sea, en el juego tripartito que se establece en la relación madre-padre-hijo), más la relación con los objetos que lo han satisfecho en la infancia, todo esto, establece una matriz de relaciones que dará cuenta de sus elecciones amorosas en la vida adulta posterior.

Y finalmente vimos al papa Francisco quien nos define así '" Primer criterio: amar con las obras, no con las palabras. Y el segundo criterio: el amor es más importante el dar que el recibir. El que ama da."

Finamente vimos que entre todas las definiciones se tenía en cuenta que amar implicaba el amor a uno mismo y el amor al otro, pero terminamos definiéndolo como el amor es el valor de los valores, es el sentimiento más puro que tienen los seres humanos por sí mismos y por alguien cercano, es el vínculo más saludable entre dos, si hablamos de parejas o amigos, o un grupo de personas cuando se trata del vínculo con un Dios.

También abordamos en otro de los capítulos el primer amor y su importancia en el impacto que este puede llegar a tener en las siguientes relaciones, hablamos de que el primer amor puede ser llegar a ser el único y para siempre o puede ser el que marca las futuras relaciones sentimentales que se puedan ir dando en el futuro.

Se habló de las ilusiones en la edad de la adolescencia y de cómo el amor platónico jugaba un gran papel en estos inicios como también los amores obsesivos por personas que tienen más edad durante la adolescencia viendo al amor como el salvador, el príncipe que las va llevar al castillo de sus sueños. Pero lo cierto o incierto es que al parecer el primer gran amor deja una gran marca y si nos es para siempre o el único va a influenciar en las futuras elecciones de parejas o relaciones afectivas dentro de nuestro círculo social.

También vimos el tema de porque a veces amar duele tanto, refiriéndonos a esos encuentros en donde uno ama más que el otro, o el amor no es correspondido en la magnitud que se espera. Ese amor que se estrella al ser descubierto y no hiere, llevándonos a sufrir si querer muchas veces elegir ser feliz y no sufrir.

Muchas veces en una pareja hay uno que ama más que el otro, esto porque expresa sus sentimientos, es más romántico o romántica, ocasionando que entre las dos personas se marque la diferencia del como amas, las expectativas que tiene uno hacia el otro se ve reflejado en quejas cuando lo que esperaba no es en la misma magnitud que se había imaginado, entonces notamos un abismo entre lo que me imagino de mi pareja y lo que realmente veo en mi pareja.

Así mismo vimos que cuando amamos tu pareja tiene una discapacidad, una enfermedad, una dolencia que nos lleva a cuidar, sacrificar muchos aspectos de la vida por darle calidad de existencia a la pareja. O tuvo un accidente y quedo en desigualdad de condiciones haciendo que la retribución no sea igual demandando muchas energías emocionales a la pareja.

El otro caso que tocamos es cuando se tiene un hijo que tiene un historial de delincuencia y que sabes que hace mal pero como no amarlo, en qué momento lo perdiste, que hiciste mal, en que fallaste, entonces el amor en donde queda, como se sostiene lo insostenible.

También tocamos el tema de amar las imperfecciones donde el encanto se desvanece con el pasar de los tiempos y el príncipe o princesa se desvanece y aparecen las imperfecciones de ambos entones… el amor no tiene lugar porque justamente las imperfecciones lo acribillan, pero también vimos que esas imperfecciones hacen la perfección, es en lo imperfecto que funciona el engranaje de lo perfecto. Siempre y cuando las imperfecciones no dañen ni física ni psicológicamente a la pareja. Estas imperfecciones estaban más relacionadas con actitudes, costumbres, estilos de vida, hábitos que incomodan al otro u otra y que solo con la paciencia, amor y construcción se pueden mejorar.

Por otro lado tocamos también el tema de los celos, el feminicidio y daño que una pareja hace al otro con la finalidad de controlar, dominar, poseer. Confundiendo el amor con posesión. Vimos cómo más de 132 feminicidios se cometieron en el año 2018 y todas tiene un factor común los celos infundados, las obsesiones de mentes dañadas, perjuicios sociales como el machismo que lo único que crea es la distorsión del amor verdadero y constructivo, libre y fundado sobre todo en la confianza.

Aclaramos que cuando hay señales de desconfianza, celos, restricciones de libertad es necesario cortar con la relación así sea el único príncipe que encontramos. Ya los datos estadísticos nos indican que al final se termina con la muerte de uno de ellos a manos del otro, y muchas veces las consecuencias alcanzan a los hijos si los tienen, a las familias de ambos unos por duelo y otros por sentimiento de culpa. Donde la soledad, el dolor y el sufrimiento de terceros perdurara por mucho tiempo marcando la existencia por el resto de sus vidas.

Otro aspecto que tocamos fue cuando el amor se termina y todo lo que trae como consecuencia del mismo, vimos como a veces no aceptamos la terminación, o esta nos sorprende con el fallecimiento de uno de ellos, hablamos de qué hacer con los recuerdos, las fotos de la red, también reflexionamos sobre buscar volver a retomar la relaciòn con el costo alto emocionalmente debido a que la dignidad se pone en riesgo por someterse a las condiciones que se piden por volver a estar. Comentamos la forma como no nos desapegarnos completamente cuando seguimos llamando al ex como MI EX y sugerimos que la terapia mejor que se ajusta para ayudar a resolver esta forma de apego es la TREC terapia racional emotiva conductual que justamente asiste a las personas a resignificar la forma en que piensa siente y actúa ante una situación en particular.

Un último aspecto que contemplamos es sobre las historias de amor que se han escrito a lo largo de la historia de la humidad cuentos escritos por consagrados escritores como por jóvenes que aún están por ser descubiertos. Cuentos que narran como el amor es el fiel testigo de la unión, entre personas, entre las personas y la naturaleza, en una palabra, entres seres vivos.

La finalidad de cerrar el libro sobre el amor era contar las tantas variedades que el amor juega con los personajes llevando al lector a la imaginación de los lugares, de la vida de los personajes y de cómo estos responden en su drama, alegría o sufrimiento cuando las líneas del cuento nos llevan paso a paso por el sendero de la historia y esta se va describiendo a medida que nuestros ojos se confunden con las líneas y se abren las escenas amorosas en cada uno de los cuentos escogidos, para reafirmar que el amor a pesar de ser como es mueve al mundo dese que el hombre se doméstico e inicio su camino de idilio escribiendo las historias más inverosímiles que se han podido conocer tanto en la literatura universal, como en las páginas de diarios o narraciones orales trasmitidas de generación en generación.

Bibliografía

1. Frankl, V. (1979) *"El hombre en busca del sentido".* Edit. Herder, Barcelona España.
2. Goleman, D (2000) *"inteligencia emocional"* Edit. Argentina, Argentina.
3. Hay, L. (1998) *"El poder está dentro de ti"* Edit. Urano, Barcelona España.
4. Pérez, J. (2013) *"palabras que sanan"* Edit. Planeta, Lima Perú.
5. Riso, W. (2003) *"Ama y no sufras"* Edit. Norma, Bogotá Colombia.
6. Riso, W. (2015) *"maravillosamente imperfecto escandalosamente feliz"* Edit. Planeta colombiana, Bogotá Colombia.
7. Santandreu, R (2016) *"el arte de no amargarse la vida"* Edit. Planeta, Barcelona España.
8. Yépez, E. (2015) *"por qué duele tanto el dolor"* Edit. Dau. Lima Perú.
9. Yépez, E. (2019) *"Como ser feliz en tiempos de desencanto"* Edit. Amanzon.com
10. Yepez, E. (2019) "el silencio del ojo" Edit. Amanzon.com

Apéndice

PREPARÁNDONOS PARA VIVIR Y AMAR

Se puede ir notando en estos últimos años el aumento de actitudes poco apropiadas entre los alumnos, relacionados con la sexualidad y sexo, que se traducen desde expresiones en doble sentido hasta llegar a la falta de respeto, trato vulgar, etc.

Teniendo en cuenta que la adolescencia como un momento-escenario en el cual el ser humano encara la irrupción de fenómenos en el orden de la sexualidad, en la imagen corporal, en la relación con los otros significativos (padres, maestros, autoridades, normas, ideales), en la relación con el otro sexo, que implican el establecimiento de una pregunta acuciante por el ser – ¿quién y qué soy?, ¿qué soy para el otro (padres, maestros, amigos, amigas)?, ¿qué quiero ser?.

Reconociendo que ante dichos fenómenos, radicalmente nuevos para él, el sujeto adolescente no cuenta con un saber que le permita nombrar lo que le ocurre, menos aún, responder ante ello, pues las palabras que el otro (la ciencia, los maestros, los padres) le ofrece, las ideas, los valores, los ideales, los conocimientos y representaciones que él mismo disponía, no parecen corresponder a esto que le sucede; que, por ello, cada quien debe inventar una respuesta según sus posibilidades subjetivas y según los recursos sociales y culturales que tenga a su alcance.

Evidenciando que muchas de las conductas, inestables, incomprensibles, de los adolescentes –por ejemplo, en la relación con el saber, la participación en pandillas juveniles y en actos violentos, los suicidios, as depresiones, los embarazos, la anorexia y bulimia, la toxicomanía, la afiliación a ideales y movimientos políticos o religiosos radicales, la práctica de deportes extremos, entre muchos otros– constituyen íntentos de respuesta en acto, no tramitadas por la reflexión, a dichas irrupciones y a las demandas que provienen del otro social.

Evidenciando que las intervenciones educativas, represivas y morales, con las que con frecuencia se intenta dar tratamiento a estas manifestaciones –las cuales no tienen en cuenta esta dimensión de respuesta subjetiva– muchas veces tienen el efecto inesperado y paradójico de dar consistencia y alentar el problema o producir la segregación y estigmatización de los adolescentes concernidos.

Sin embargo, que el estudio, el trabajo, los deportes, la literatura, la artesanía y el arte, en sus diferentes formas de expresión, constituyen opciones donde los adolescentes inventan y construyen, de manera más amable, aquellas respuestas que le urgen. No son pocos los sujetos que durante la adolescencia se meten al estudio y que encuentran en él una forma de responder a ese no-saber-hacer con la sexualidad y con el cuerpo, que lo confronta.

Es en ese sentido que se hace necesario desarrollar un proyecto formativo e integral que permita renovar los conceptos y en algunos otros formarlos o actualizarlos siendo implementados a través de diversos módulos durante un mes y en las tutorías.

Objetivo 1:
Lograr que los alumnos integren a sus repertorios personales, actitudes coherentes y adecuadas para la convivencia armónica y salud sexual

Objetivo 2:
Que los alumnos conozcan adecuada y progresivamente los temas de sexualidad y sexo, entendido como un proceso evolutivo de los seres vivos, en especial los humanos logren interiorizar comportamientos que les permitan educarse para la castidad, la paternidad responsable y la prevención de enfermedades de transmisión sexual, .

Objetivo 3:
Que los docentes y personal del Centro Educativo desarrollen, renueve conceptos, actitudes y respuestas emocionales relacionadas con la sexualidad,

que les permita como educadores, orientar y formar al alumnado acertadamente.

CARACTERÍSTICAS:

1. Desarrollar temas, actividades y juegos que lleven a la identificación de su sexualidad, aceptación, valoración intrapersonal e interpersonal.
2. Fomentar una adecuada habilidad de comunicación.
3. Desarrollar temas, dinámicas y otras actividades orientadas a conocer, renovar los conceptos sobre el sexo.

RECURSOS SUGERIDOS QUE SE PUEDEN EMPLEAR:

- Redacción sobre el tema.
- Lectura de literatura
- Elaboración de un informe
- Estudio de casos
- Resolución de problemas.
- Sociodrama – juegos sexuales infantiles.
- Caja o buzón de preguntas.
- Exposición del maestro.
- Conferencias de un experto (médico, sexólogo, sacerdotes, etc)

POSIBLES PILARES DONDE SE CENTRARÁN LOS TEMAS

Inicial

Identidad, aceptación, autoconcepto, valoración.

Primaria

Reforzamiento de identidad, fortalecimiento de la autoestima, desarrollo de habilidades sociales de comunicación, lenguaje sexual.

Secundaria

Identidad sexual, autoestima, inteligencia emocional (intrapersonal, interpersonal), habilidades sociales, conciliación y solución de conflictos y lenguaje sexual (manejo apropiado) toma de decisiones, proyecto de vida.

CARACTERÍSTICAS:

4. Desarrollar temas, actividades y juegos que lleven a la identificación de su sexualidad, aceptación, valoración intrapersonal e interpersonal.

5. Fomentar una adecuada habilidad de comunicación.

6. Desarrollar temas, dinámicas y otras actividades orientadas a conocer, renovar los conceptos sobre el sexo, sexualidad, genitalidad.

RECURSOS SUGERIDOS QUE SE PUEDEN EMPLEAR:

- Redacción sobre el tema.
- Lectura de literatura
- Elaboración de un informe
- Estudio de casos
- Resolución de problemas.
- Sociodrama – juegos sexuales infantiles.
- Caja o buzón de preguntas.
- Exposición del maestro.
- Conferencias de un experto (médico, sexólogo, sacerdotes, etc.

MODULOS DE TRABAJO

MODULO I: CONOCIÉNDOME (niños de inicial de 3 años y 4 años) Temas: Explorando mi cuerpo, Mira lo que puedo hacer con mis manos y pies, Haciendo equilibrio, Somos diferentes pero iguales, comunicándonos con los ojos, manos y cuerpo.

MODULO II: ENCONTRÁNDOME CON MIS SENTIMIENTOS (niños de inicial de 5 años): temas: Emociones agradables y desagradables, Viajando por las emociones, Cuento lo que siento, Dibujando rostros, Regalo sentimientos.

MODULO III : ESTOY CRECIENDO (niños de 6 a 8 años): temas: Quien soy-como soy, Diferentes pero iguales, mirándome a través del tiempo, Comparando edades, Como me veo y como me ven, La magia del nacimiento, Dibujando nuestros cuerpos, La ruleta de las emociones, Aprendiendo a convivir, Soy todo oídos, Expreso lo que siento, el poder del perdón.

MODULO IV: RUMBO AL CAMBIO (niños de 9 a11 años) Temas: Algo pasa dentro de mí, mirándonos de nuevo, Ya no somos los mismos, Emociones fuertes, Descubriendo mi sexualidad, Jugando con mis pensamientos y emociones, La imagen que ahora proyecto, Gustos y desagrados, lo más valioso de mi, Expresándome con todo, compartiendo sentimientos.

MODULO V: CRECIENDO CON MIS CAMBIOS (niños de 12 a 14 años) temas: Mirando mi imagen, Cuanto valgo, Construyendo puentes, Descubro mi sexualidad, Aprendiendo a conducir mis emociones, Decidiendo a cada momento, asumiendo responsabilidades, me proyecto al futuro.

MODULO VI: LA VIDA CAMBIA Y CAMBIO YO TAMBIEN (niños de 15 a 18 años) temas: Yo mismo soy, los valores luz en mi vida, Encuentros y desencuentros, explorando mi sexualidad, aprendiendo a tomar decisiones, construyendo mi historia, Rumbo al autogobierno.

METODOLOGÍA

1. Se sugiere que cada sesión de trabajo se realice en la hora destinada a la tutoría

2. Se debe trabajar con una metodología activa y guiada por el facilitador o tutor designado.

3. Se recomienda el uso de material auxiliar como videos, Power point, u otro material que permita motivar al trabajo creativo y deductivo de los alumnos.

4. La modalidad de las sesiones siempre debe permitirse el dialogo, el debate y el compromiso de acciones, y el facilitador debe ser el que regule y sustente los refuerzos teóricos.

5. Es recomendable que casa sesión se prepare con anticipación para determinar con exactitud lo que se quiere lograr no dejando nada a la improvisación.

6. Se recomienda que después de cada trabajo mensual o trimestral se reúnan los facilitadores por niveles para evaluar los logros y dificultades a lo largo del proyecto.

MODULO I

CONOCIÉNDOME

TEMA   : <u>EXPLORANDO MI CUERPO</u>

OBJETIVO   : El niño deberá identificar y familiarizarse con todo su cuerpo

ACTIVIDAD

 SUGERIDA : Los niños y niñas se miran unos a otros y luego en frente de un espejo, van señalando sus partes, es importante que la maestra utilice todos los elementos disponibles que le permitan fortalecer esta actividad.

TEMA   : <u>MIRA LO QUE PUEDO HACER CON MIS MANOS Y MIS PIES</u>

OBJETIVO   : El alumno deberá dominar y tener control sobre sus manos y pies.

ACTIVIDAD

SUGERIDA : La maestra puede utilizar la música para realizar diversos movimientos rítmicos que le permitan mejorar su destreza motora y conocer lo que es capaz por medio de saltos, equilibrio, llevando objetos etc.

TEMA   : <u>HACIENDO EQUILIBRIO</u>

OBJETIVO   : El alumno deberá encontrar su punto de equilibrio corporal y mantenerse por un momento.

ACTIVIDAD

SUGERIDA : La profesora realizará con el juego de la carta o las estatuas los movimientos motores gruesos cada vez que ella de la vuelta para mirar a los alumnos y ellos podrán avanzar mientras la profesora esté de espaldas. Cuando la maestra los mira ellos deben quedarse como estatuas.

TEMA : <u>SOMOS IGUALES PERO DIFERENTES</u>

OBJETIVO : Los alumnos pondrán identificar su género y establecerán diferencias e igualdades de su sexualidad.

ACTIVIDAD

SUGERIDA : Los niños y las niñas por grupos dibujarán el cuerpo de una niña y de un niños luego con la ayuda de una lámina buscarán encontrar las igualdades y las diferencias hablando acerca de lo que hace un niño y lo que hace una niña y lo que pueden hacer los dos. La maestra tendrá que asegurarse que sus alumnos hayan identificado sus igualdades y diferencias de género.

TEMA : <u>COMUNICÁNDONOS CON LOS OJOS, MANOS Y CUERPO</u>

OBJETIVO : El niño aprenderá a comunicarse no solo con el lenguaje verbal si no también con otras partes de su cuerpo.

ACTIVIDAD

SUGERIDA : La maestra empleará por medio de dibujos de manos, ojos, cuerpo que expresen o comuniquen algo, los niños deberán identificarlos y nombrarlo que expresan esos dibujos luego ellos lo representarán y después comentarán lo experimentado y como se sintieron.

TEMA : <u>DESCUBRO MIS EMOCIONES Y SENTIMIENTOS</u>

OBJETIVO : Los niños podrán identificar, reconocer y expresar sus estados de ánimo y sus emociones con naturalidad y espontaneidad.

ACTIVIDAD

SUGERIDA : La maestra hará uso de sonidos diversos que puedan generar emociones como también por medio de figuras que representan estados de ánimos o sentimientos para luego ellos representarlos, después que todos hayan realizado el juego se sentarán en círculo para recordar momentos vividos en sus familias en su barrio y en su escuela, les pedirán que lo cuenten y digan cómo se sintieron y como pueden expresarlos sin dañar a nadie. Finalmente podrán jugar a la ruleta de la suerte de emociones en donde el sentimiento, emoción y estado de ánimo que toque deberán todos expresarlo.

MODULO II

ENCONTRÁNDOME CON MIS SENTIMIENTOS

TEMA   : <u>EMOCIONES AGRADABLES Y DESAGRADABLES</u>

OBJETIVO   : Identificara las diversas emociones en situaciones cotidianas de la vida en común.

ACTIVIDAD

SUGERIDA   :La maestra narra una historia en donde se presenta una situación que desencadena alguna emoción agradable (alegría, entusiasmo, tranquilidad, ternura, etc.) para luego comentarla con los alumnos; posteriormente cuenta otra historia en donde se presentan emociones desagradables (miedo, cólera, tristeza, amargura) luego se comentan las emociones conjuntamente con la historia, clasificarlas en agradables y desagradables y finalmente comentarán como se sintieron y que pensaron cuando escucharon la historia.

TEMA   : <u>VIAJE A LAS EMOCIONES</u>

OBJETIVO   : Lograr que los alumnos se familiaricen con sus estadios de ánimo, emociones y sentimientos.

ACTIVIDAD

SUGERIDA : Cada alumno se sentará en círculo y con los ojos cerrados volará a las emociones imaginando alguna emoción agradable como también desagradable, luego se le pedirá que la dibujen en una hoja el estado que sintieron a través de alguna cosa, paisaje o animal que lo represente mejor. Después de haber terminado con los dibujos se compartirá con el grupo para finalmente la maestra concluirá con comentarios que tienen que ver con la consecuencia de experimentar estados de ánimo tanto agradables como desagradables y los efectos que estas y tienen en cada uno de nosotros y en los demás.

TEMA : <u>REGALANDO Y RECIBIENDO EMOCIONES Y SENTIMIENTOS</u>

OBJETIVO : Los alumnos expresarán sentimientos y emociones agradables unos a otros dentro del aula de manera natural

ACTIVIDAD

SUGERIDA : La maestra pondrá en práctica el juego de" encuentros" en donde los alumnos se desplazan por el aula al escuchar una melodía cuando esta se apaga la maestra dará una orden: deberá encontrar a un compañero regalarle alguna emoción (sonríe y levanta la mano, abrazándose, dando un beso volado). Luego de un momento prudente en que todos hayan compartido y regalado emociones se sientan en círculo y comparten lo experimentado, si no hay mucha aceptación volverá a jugar para luego sentarse y nuevamente compartir lo vivido, la maestra finalizara explicando que es más agradable compartir sentimientos y emociones con las personas.

TEMA : <u>BUSCADORES DE EMOCIONES</u>

OBJETIVO   : Los niños identificarán a través de la observación las emociones de sus compañeros durante el juego libre y se darán cuenta de los efectos de éstas.

ACTIVIDAD

SUGRRIDA : La profesora designa en secreto a cuatro niños para que serán los buscadores de emociones durante el recreo, después de que todos los alumnos hayan sido los buscadores se retorna al aula y se pedirá las emociones que encontraron durante el juego libre y las compartirán con la clase. Finalmente, la maestra terminará que es divertido observar a las personas y de cómo nos hacemos en muchas oportunidades daño unos a otros.

TEMA   : <u>MIS EMOCIONES Y LAS EMOCIONES DE MI FAMILIA</u>

OBJETIVO   : Identificar los tipos de emociones que manifiestan los parientes más cercanos con quienes viven (padres, hermanos, tíos, primos, abuelos etc.)

ACTIVIDAD

SUGERIDA : En la pizarra se pegarán dos papelotes divididos en dos en un lado va escrito como son y en otro lado como quisiera que sean. En el otro papelote también será dividido en dos. Uno como soy y el, otro como quisiera ser. Luego la maestra pedirá voluntariamente que cuenten como son sus padres, o las personas que viven en su casa, de tal manera que elaborarán un perfil del como son y un perfil de cómo quisiera que fueran, como también un perfil de cómo soy y como quisiera ser. Finalmente, la maestra terminará con un compromiso individual de cuánto van cambiar.

TEMA   : <u>CUANTO APRENDI</u>

OBJETIVO   : Los alumnos deberán hacer un recordatorio de todo lo trabajado en las tutorías durante ese mes para modificar sus formas de expresarse emocionalmente.

ACTIVIDAD

SUGERIDA   : La profesora se sienta con los alumnos formando un círculo y mirando los trabajos realizados en las tutorías, invitará a los alumnos a participar explicando lo que se trabajó para luego compartir como sintieron y cuanto aprendieron durante de lo vivido en las tutorías.

MODULO III

ESTOY CRECIENDO

TEMA   : <u>QUIEN SOY, COMO SOY</u>

Objetivo   : Lograr que el alumno descubra sus características propias de su sexualidad

ACTIVIDAD

SUGERIDA   : Cada alumno tendrá una hoja A-4 y dibujará una silueta según su género, luego intentará escribir con sus propias palabras quien es y como es, luego compartirá con su grupo sus respuestas y además se preguntará quien dicen que es. Luego la maestra hablará de quienes somos y como nos vemos ante los demás

TEMA   : <u>DIFERENTES PERO IGUALES II</u>

OBJETIVO   : identificarán las diferencias e igualdades de género y sexo.

ACTIVIDAD

SUGERIDA   : la maestra formará grupos de varones y de mujeres los mismos que deberán señalar las características propias de la sexualidad para después en grupos compartirán sus respuestas. Luego realizarán en grupo unificando criterios los rasgos de cada sexualidad. Después compartirán como se sintieron a realizar este trabajo.

TEMA   : CONSTRUYO MI LINEA DE TIEMPO Y COMPARO EDADES

OBJETIVO   : El alumno logre diferenciar los momentos transcurridos en su vida hasta la fecha, comparando edades.

ACTIVIDAD

SUGERIDA : la maestra pide que los alumnos traigan fotografías de antes y ahora construyan una secuencia de tiempo y luego comparen situaciones diversas para luego compartir en forma grupal lo que han sentido frente a esta actividad.

TEMA   : COMO ME VEO Y COMO ME VEN

OBJETIVO   : determinar qué imagen tienen y proyectan hacia los demás.

ACTIVIDAD

SUGERIDA : la maestra pide que se sienten de a dos y que dialoguen de sobre sus características personales en forma inversa, es decir, cada persona habla del otro y de cómo lo ve por un espacio de dos minutos luego cambian de pareja. Después compartirán como se sintieron al escuchar de los demás como los ven.

TEMA   : LA MAGIA DEL NACIMIENTO

OBJETIVO   : los niños se familiaricen con el milagro de la concepción y el nacimiento.

ACTIVIDAD

SUGERIDA   : la maestra proyectará el video "hola aquí estoy" luego forman grupos y comentan lo que vieron para después aclarar con ideas acerca de la concepción y el nacimiento y el milagro de la vida.

TEMA   : <u>LA RULETA DE LAS EMOCIONES</u>

OBJETIVO   : descubrir los estados de ánimo, emociones y sentimientos que tienen y de cómo influyen en sus vidas.

ACTIVIDAD

SUGERIDA   : Se confeccionan algunos letreros con las palabras que representen estados de ánimo, emociones positivas y negativas y sentimientos, luego los alumnos en grupo representarán dichos estados para finalmente cometan como se sintieron y de cómo le afecta en su vida.

TEMA   : <u>SOY TODO OIDOS</u>

OBJETIVO   : El alumno mejorará su actitud de escucha

ACTIVIDAD

SUGERIDA   : Se sacarán a 4 alumnos del aula y se hará entrar uno a uno pero al primero se le contará una historia este luego le contara al segundo alumno que entre y así hasta terminar con el cuarto alumno que contará al grupo la historia, luego el aula analizará los cambios en la historia y lo importante de escuchar con atención, luego reflexionan sobre sí mismos y su actitud de escuchar al otro.

TEMA   : <u>EL PODER DEL PERDON</u>

OBJETIVO   : lograr que practique en forma natural el arte de perdonar

ACTIVIDAD

SUGERIDA : Se hará escuchar una cinta del perdón para practicarla con los alumnos luego se les pedirá que cuenten como se sintieron y comprometiéndose a poner en práctica esta forma de relacionarse.

MODULO IV

RUMBO AL CAMBIO

TEMA : <u>ALGO PASA DENTRO DE MÍ</u>

OBJETIVO : Que el alumno identifique y se familiarice con los cambios internos producto de sus hormonas sexuales.

ACTIVIDAD

SUGERIDA : La maestra puede utilizar cualquier video corto que muestre o explique los cambios internos (video "de niña a mujer o de niño a varón") luego puede pedir que se forman en círculo y comenten en forma de lluvia de ideas lo que le ha llamado más la atención luego pueden agruparse por sexo y elaborar un mural sobre lo que han visto y de lo que han entendido así como lo que están sintiendo y como lo están viviendo.

TEMA : <u>YA NO SOY EL / LA MISMO / MISMA</u>

OBJETIVO : Identificar los cambios, actitudes y situaciones que están experimentando.

ACTIVIDAD

SUGERIDA : La maestra puede dar a cada uno de sus alumnos una hoja en donde responderán a las siguientes preguntas:

. ¿Cómo era antes y como soy ahora?

. ¿Cómo era mi cuerpo y que ha cambiado del él?

. ¿Qué me gustaba hacer? Y ahora ¿qué llama más mi atención? Luego pueden agruparse por sexos y comentar sus respuesta entre los miembros del grupo para luego confeccionar un afiche en donde pondrán los cambios en un lado y las características de antes luego las compartirán con el aula para finalmente responder como se han sentido y que han aprendido; terminando con las aclaraciones de la maestra.

TEMA   : <u>QUE ME AGRADA Y DESAGRADA DE MI CUERPO</u>

OBJETIVO   : que los alumnos logren aceptarse tal y como son.

ACTIVIDAD

SUGERIDA   : En una hoja en blanco dividida e por la mitad la maestra sugerirá que en un lado coloquen las partes de su cuerpo que les agrada más y en la otra las partes que le agradan menos o que no les agrada. Luego que cada uno haya realizado el trabajo personal se formarán en un círculo y pedirá a algunos voluntarios que compartan sus respuestas con el grupo si no hay nadie que se atreva la maestra puede comentar acerca de su propia experiencia y comentar que es normal mientras se está cambiando para crecer como seres humanos. Después se les pedirá que anoten en el mismo papel si estas partes de su cuerpo de qué manera les afecta en su vida y como están haciendo para enfrentarlas y si se aceptan o no, de tal suerte que pueden hacer y con quien pueden contar para no enfrentar solos esta etapa de su vida.

TEMA   : <u>LA IMAGEN QUE PROYECTO</u>

OBJETIVO   : Identificar como son y cómo los ven los demás.

ACTIVIDAD

SUGERIDA   : Se les dará una hoja en blanco y se les pedirá a cada uno de los alumnos que escriban como ellos se ven, es decir sus características personales buenas y malas; luego le pondrán su nombre y las guardarán, después se les entregará otra hoja y colocarán las características positivas de su compañero de lado derecho, de cómo les gustarían que se viera y que deberían cambiar. Finalmente se entregarán las hojas a sus respectivos compañeros y compararán lo que han escrito de ellos con lo que ellos mismos han escrito de sí mismos. Para terminar, comentarán que es lo que tienen que cambiar para mejorar su calidad y relación hacia los demás.

TEMA   : <u>SEÑALES DE MI SEXUALIDAD</u>

OBJETIVO   : identificar y reconocer las características de cada género

ACTIVIDAD

SUGERIDA   : la maestra dispone que se sienten en círculo y que comenten en lluvia de ideas lo que saben de sexo, sexualidad y reproducción para después compartan como sienten y como están viviendo esta etapa previa al cambio. La maestrea hará la diferencia del caso y pedirá que se formen grupos por separado según su género y los chicos dirán las características de la sexualidad femenina y las chicas la de los chicos luego cruzarán la información y en grupo en nuevos papelotes reflexionarán y elaboran una nueva lista de la sexualidad femenina y masculina reflexionando el porqué de las diferencias y a que se debe para luego comentar como se han sentido y cuanto han aprendido.

TEMA   : <u>LO VALIOSO PARA MI ES</u>

OBJETIVO : Identifica los valores que tienen y reconoce aquellos que fortalecen su desarrollo.

ACTIVIDAD

SUGERIDA : Que la maestra haga que cada alumno identifique, defina un concepto de valor partiendo de un hecho concreto, puede ser una historia de la vida real o un cuento, después señalarán que es más valioso para cada uno de los alumnos de cada historia. Luego les sugerirá que cada alumno haga una lista de lo que es más valioso para ellos de su familia, de su barrio, de sus amigos y de su escuela, describiendo del por qué le dan ese valor, posteriormente compartirán con sus compañeros su listado de valores y reflexionarán sobre los valores asignados a las personas por su raza, posición, sexo, etc. para concluir como deben incorporar los valores a su vida cotidiana respetando lo de las otras personas.

TEMA : <u>EXPRESÁNDOME CON TODO MI SER</u>

OBJETIVO : Identifican y reconocen que su cuerpo expresa movimientos, pensamientos y sentimientos.

ACTIVIDAD

SUGERIDA : La maestra pedirá a cada uno que piense en una situación particular que le fue grata y luego les pedirá que identifiquen que sentimiento les provocó y de cómo se comportaron posteriormente se les pedirá que piensen en una situación poco agradable, que sintieron y que hicieron luego les pedirá que se formen en grupos para que escriban en un papelote identificando situaciones que producen sentimientos agradables y desagradables para luego armar una historia donde identificarán personajes acciones en una situación particular. Luego se les pedirá que dramaticen la historia elaborada y los demás deberán identificar y reconocer como nuestro cuerpo experimenta y vive las diversas situaciones. Finalmente comentarán como se han sentido y cuanto han aprendido.

MODULO V

CRECIENDO CON MIS CAMBIOS

TEMA   : <u>MIRANDO MI IMAGEN</u>

OBJETIVO   : Descubrirán que imagen están proyectando hacia los demás.

ACTIVIDAD

SUGERIDA : en una hoja en blanco se les pide a cada alumno que escriba las características de su compañero que se ubica al lado derecho (lo que le agrada, y que le sugeriría que mejore) al final después de escribir se pasarán las hojas a su compañero y este las leerá en voz alta para terminar expresando como se han sentido y cuanto se han conocido.

TEMA   : <u>CUANTO VALGO</u>

OBJETIVO   : Definen su concepto de valor a partir de situaciones concretas e identifica aquellos actos en los que refleja sus valores

ACTIVIDAD

SUGERIDA : El aula se sienta en círculo y se les pide que por medio de la lluvia de ideas definan para ellos que son los valores y por qué son importantes, después podrán anotar en una hoja los valores que cada uno consideran más importantes para ellos compartirán, para después la maestra contará una historia particular y ellos en grupo deberán identificar aquellas situaciones en donde puedan rescatar valores para compararlos con algunos hechos de sus vidas para luego compartir en grupo y después en el aula algunas situaciones personales en las que han experimentado la presencia de valores y como los han vivido y cuanta experiencia han aprendido y asimilado.

TEMA   : <u>CONSTRUYENDO PUENTES</u>

OBJETIVO   : identificarán formas de relaciones saludables y aceptarán los cambios que se dan en las relaciones humanas y en especial con sus íntimos.

ACTIVIDAD

SUGERIDA   : Se sugiere al grupo que la maestra comunique que se va a trabajar temas relacionados con las personas que los rodean y de que tratarán de identificar los espacios y las personas significativas con las cuales se relacionan cotidianamente. Se pueden formular algunas preguntas para facilitar el trabajo como: - ¿qué actividades realizamos cotidianamente?

- ¿en qué lugares pasamos la mayor parte del tiempo?
- ¿Con que personas pasamos la mayor parte del tiempo?
- ¿Todas las personas que nos rodean cotidianamente son importantes para nosotros?
- ¿hay algunas personas que son más significativas que otras? ¿quiénes y por qué?

Después pueden hacer grupos y representar en un papelote los lugares que más frecuenta y de las personas con las que más se relacionan en esos lugares luego pueden ordenar la galería en orden de importancia que ocupa exponiendo al grupo sus galerías.

En un segundo momento u otra sesión pueden trabajar sobre las galerías ya trabajadas pero esta vez cada miembro debe confeccionar una máscara de cartulina que puede haberla traído ya de su casa, en el aula el alumno escribirá un texto que refleje como se llevan con las personas de...su barrio, familia, escuela etc... El lugar seleccionado en la parte interior para luego pegará en sus papelotes en el lugar que más prefiera comentando sus textos, para terminar con algunas reflexiones:

- ¿cómo se han sentido en esta sesión?
- ¿les ha sido difícil ubicar los lugares y las personas más importantes con las que se han relacionado diariamente?
- ¿Cuáles son los aspectos más importantes de sus relaciones con esas personas y lugares?
- ¿qué cambios observan en la relación con sus padres, maestros, amigos, estableciendo una comparación entre años anteriores y los actuales?
- ¿dónde se ubicaron mejor en sus relaciones y lugares?

TEMA : <u>DESCUBRO LAS SEÑALES DE MI SEXUALIDAD</u>

OBJETIVO : conocen identifican y valoran las señales de su sexualidad aprendiendo a manejar estrategias para tomar decisiones que les permitan evitar experiencias desagradables.

ACTIVIDAD

SUGERIDA : La maestra les pide que intercambien algunos cambios identificando las señales de su cuerpo, se sugiere que los alumnos en grupos separados por sexo escriban todas las palabras que se les puede ocurrir en lluvia de ideas que les viene a la mente cuando escuchan las palabras sexualidad, sexo y reproducción escribiéndolas en un papelote, luego se les pregunta ¿creen que la sexualidad solo se limita al sexo?, por qué si o no; ¿qué otros aspectos abarca la sexualidad? Se da a cada grupo tarjetas en blanco un color para las mujeres y otros para los varones se les pide que escriban las experiencias o situaciones relacionadas con la sexualidad que creen es más importante.

El grupo comenta como vivieron las experiencias mencionadas indicando en cada tarjeta si la situación fue alegre o triste, difícil o agradable. Luego en círculo comparten e intercambian sus experiencias. Se promueve la reflexión del grupo partiendo de las siguientes preguntas:

- ¿cómo se han sentido?
- ¿por qué algunas de estas experiencias son difíciles y a veces nos confunden?
- ¿qué tipo de ayuda les gustaría tener para vivir mejor estas experiencias?
- ¿a quienes podemos recurrir para que nos ayuden a vivir con tranquilidad?
- ¿qué diferencias hay entre los chicos y chicas por qué y a que se debe?

Finalmente, en n papelote grande se pide al grupo de alumnos que elaboren un mural expresando frases, dibujos, poemas, notas, etc. con lo que han sentido y reflexionado.

TEMA : <u>MANEJANDO MIS EMOCIONES EN ESPECIAL MI IRA</u>

OBJETIVO : identifico los estados de ánimo y reconozco mis actitudes que hago para aprender a controlarme.

ACTIVIDAD

SUGERIDA : la maestra les pide que en una hoja describan situaciones en las que han tenido ira, miedo, pánico, tristeza, después al lado de cada una escriban lo que pensaron y sintieron y como actuaron, después comparten en el grupo reflexionado sobre otras alternativas de ver las cosas y de cómo pueden responder ante estas situaciones. Finalmente pueden representarlas en un Sociodrama. Para finalmente se les enseñarán algunas formas de respiración y relajación que les va a ayudar a manejar de una manera más adecuada los estados de ánimos.

TEMA   : <u>DECIDO A CADA MOMENTO</u>

OBJETIVO   : El alumno identificará las alternativas en las cuales tiene que tomar una decisión.

ACTIVIDAD

SUGERIDA   : Se les pide a los alumnos que con la lluvia de ideas digan que decisiones han tomado hoy día reflexionando sobre las siguientes preguntas.

- ¿qué cosas pueden hacer ahora que no podían hacer cuando eran pequeños?
- ¿en qué situaciones los maestros o sus padres les han dicho "tu decides"'?
- ¿cómo se sienten ahora que pueden tomar más decisiones que antes que tenían menos edad?

Se cierra el debate haciendo hincapié que en cada momento estamos tomando decisiones y que muchas de estas pueden afectar radicalmente nuestras vidas. También se pueden representar situaciones con juego de roles y reflexionando sobre cómo llegaron a tomar esas decisiones.

TEMA   : <u>ASUMO MI RESPONSABILIDAD</u>

OBJETIVO   : identifican los riesgos y alternativas que conlleva la toma de decisiones asumiendo las responsabilidades de sus consecuencias sobre todo de su salud y bienestar presente y futuro.

ACTIVIDAD

SUGERIDA   : Se recomienda a los alumnos que recuerden situaciones en las que han tenido que tomar decisiones sin pensar describiendo las situaciones y decisiones, así como las consecuencias. Recordar también situaciones en las decisiones fueron con mayor reflexión, que pasos siguieron y sus consecuencias.

Luego se les pide que forman grupos y se les da un dilema para que tomen una adecuada decisión en base a los pasos pegados en un papelote como guía: 1. tomarnos tiempo para pensar.

2. hacer un listado con las posibles soluciones y alternativas.

3. evaluar cada alternativa y sus consecuencias.

4. identificar recursos para enfrentar las situaciones.

5. analizar todos los elementos identificados en los pasos anteriores.

6. elegir la mejor alternativa y tomar la decisión.

Finalmente se les da una ficha de trabajo en donde está escrito "yo me comprometo a... cuando tenga que tomar una decisión. Voy a...

TEMA : ME PROYECTO AL FUTURO

OBJETIVO : que tengan un espacio para dar rienda suelta a sus sueños y aspiraciones

ACTIVIDAD

SUGERIDA : se les pide que cierren los ojos y se imaginen una bola de cristal en la que deben responderse a sí mismos en silencio las siguientes preguntas.,

- ¿cómo te ves ahora?
- ¿cómo te ves de acá a tres años?
- ¿con quién o quienes estas y en dónde vives?
- Terminantes el colegio ¿qué estas estudiando y en done?'
- ¿tal vez ya no estas estudiando?
- ¿tienes pareja o esposa (oso) o hijos? Y ¿trabajas en que y que haces?

Se explica que el futuro no se puede ver, pero lo que soñamos o imaginamos podemos hacerlo realidad. Luego en grupo se les pide que compartan que sintieron cuando imaginaron o soñaron y de cómo pueden determinar su vida. Luego se les pide que elaboren una ficha del futuro "mi bola de cristal" en donde escriba el futuro a 3 años, a 5 años con tu familia, estudios vida sentimental ingresos económicos. Cualidades y capacidades que tengo y que aún me faltan desarrollar además identifico que aspectos dentro de mi debo cambiar.(para este paso se puede hacer la dinámica del "yo no puedo") finalmente cada alumno procurara realizar sus actividades en función de sus sueños.

MODULO VI

LA VIDA CAMBIA Y CAMBIO YO TAMBIEN

TEMA   : <u>YO MISMO O MISMA SOY</u>

OBJETIVO   : construye una imagen autentica de sí misma o mismo

ACTIVIDAD

SUGERIDA   : Se sugiere que elabore una ficha reconstruyendo su historia, en una hoja pueden escribir recordando momentos alegres, sus mejores amigos, mis travesuras mis mejores logros, el juguete que más recuerdo, sus miedos, lo más peligroso que han hecho, las personas que más admiraban etc. Después de un tiempo prudencial se les pide que se sienten en círculo y que voluntaria mente compartan sus respuestas. Al final se les puede preguntar ¿cómo se han sentido al recordar?, ¿para qué nos puede servir estos recuerdos?, ¿qué características de nosotros se han mantenido a través del tiempo? El maestro puede explicar cómo cambiamos y que algunas cosas de nosotros logran mantenerse.

En un segundo momento o sesión pueden trabajar "que personas nos han ayudado a crecer" dando varios papeles para que escriban, por medio de una línea de tiempo, señalando que personas fueron importantes cuando eran pequeños hasta el momento el momento actual y cuantos los ayudaron a crecer. Se les puede dar algunas preguntas para que les sirva de guía como:

- ¿cuál es la característica que más admiran en esa persona?
- ¿en qué te pareces a esa persona?

Luego se les pide que reflexionen sobre:

- ¿qué características tiene una persona que nos hace crecer?

- ¿por qué es importante rodearnos de personas que nos enriquecen?

- ¿en qué aspectos te gustaría parecerte a esas personas que admiras?

- ¿qué características tiene una persona que no te hace crecer?

Finalmente pueden escoger una de las personas que más admiran y para estrechar más el vínculo escribirle una carta diciéndole lo que sienten por ella.

En un tercer momento pueden trabar algunos temas como: NO HAY NADIE COMO TÚ; SIEMPRE PUEDES SER MEJOR; LA HISTORIA DE TUS EXITOS; Y EXPLORANDO TUS SENTIMIENTOS.

TEMA   : <u>LOS VALORES SON LUZ EN MI VIDA</u>

OBJETIVO : revisa críticamente la vivencia de sus valores

ACTIVIDAD

SUGERIDA : en un primer momento se puede hincar el trabajo formando grupos en donde se les va a plantear algunos problemas en los cuales deberán dialogar sobre los criterios que han empleado asignar un valor a las cosas, a través de ello, formularán algunos conceptos de valor. El proceso será que cada grupo marcarán lo argumentos con los que están de acuerdo y tacharán aquellos con los que no están de acuerdo y luego escribirán nuevos argumentos que consideran importantes y que no se están tomando en cuenta finalmente cada grupo presenta el problema que trabajó y las soluciones que propone. En las conclusiones se puede reflexionar sobre si fue fácil ponerse de acuerdo, porque no todos tuvieron las mismas ideas de lo que es más o menos valioso en cada caso o de que dependerá que unos consideran importante algo y otros no.

Un segundo momento para consolidar el concepto de valor pueden formar un círculo y con la botella jugar y al que le toca recogerá una tarjeta que tendrá una frase la cual la leerá en voz alta y decidir si es un valor o no al final se les pide que escriban en una hoja que es un valor; que valores son luz y guía en sus vidas, expliquen de qué manera los ponen en práctica. También se pueden tocar otros temas como refuerzo: LA BELLEZA EN LA ADOLESCENCIA; ESTEDREOTIPOS SOCIALES; REQUISITOS PARA UNA PAREJA FELIZ; MIS VALORES Y TUS VALORES. ETC.

TEMA   : <u>ENCUENTROS Y DESENCUENTROS</u>

OBJETIVO : identifican formas de relaciones saludables

ACTIVIDAD

SUGERIDA : Este tema puede trabajarse en dos momentos, un primer momento se pega en la pizarra dos papelotes uno dice mujeres y el otro hombres, luego se les piden que en unos papelitos se describan en cuatro palabras su forma de cuando eran niños después los pegarán en los papelotes según corresponda luego harán lo mismo con otros papelito pero describiendo como son ahora y se les pide que reflexionen sobre ¿cómo y por qué hay diferencias o que cambios han sufrido?

Un segundo momento se vuelven a formar 4 grupos y a cada grupo se le da tres preguntas para que las analicen:

GRUPO 1: ¿cómo ven los padres a los hijos adolescentes?, ¿qué dicen acerca de ellos?, ¿están de acuerdo con las formas que los tratan sus padres? ¿Por qué? Al grupo 2 se les plantea las mismas preguntas, pero dirigidas a los maestros. El grupo 3 va dirigida las mismas preguntas paro a los adultos de su barrio. El grupo 4 se le pregunta ¿cómo ven los medios de comunicación Tv., radio, prensa a los adolescentes?, ¿qué tipos de noticias salen sobre los adolescentes?, ¿están de acuerdo con la manera en que los medios de comunicación presentan a los adolescentes? ¿Por qué? Cada grupo después de reflexionar nombra a su representante y exponen sus conclusiones luego se invita a un debate en torno a estos temas:

-similitudes y diferencias entre ¿cómo se ven a sí mismos con la manera en que son vistos por el mundo adulto?

-que pueden hacer los adultos para conocer y comprender mejor a los adolescentes.

-que pueden hacer los adolescentes para mejorar su imagen frente al mundo adulto. Finalmente, se les pide a cada uno que escriban una carta a sus padres expresando como les gustaría sr vistos y tratados y a comprometiéndose a cambiar la percepción, que sus padres tienen de ellos.

Además se pueden tratar otros temas como refuerzo ¿CÓMO PUEDO HACER PARA CRECER COMO PERSONA?, ¿MIS PADRES HAN CAMBIADO CONMIGO O YO HE CAMBIADO CON MIS PADRES?, ¿QUÉ TEMAS PUEDO HABLAR CON MIS PADRES...LA SEXUALIDAD ES UNO DE ELLOS?

TEMA   : <u>EXPLORANDO MI SEXUALIDAD</u>

OBJETIVO : identifica comportamientos y actitudes que les permitan vivir su sexualidad de manera responsable, autónoma e informada.

ACTIVIDAD

SUGERIDA : La maestra puede iniciar tratando que los alumnos reconozcan las diversas manifestaciones de su sexualidad como parte de su desarrollo normal, abordando el tema a través de lluvia de ideas, juegos grupales, Sociodrama, etc. es importante recordar que en este módulo se debe tratar los temas de la masturbación, preferencias sexuales, relaciones sexuales como forma de comunicación y expresión de afecto, reflexionar sobre la posibilidad de llegar a una relación sexual y la necesidad de determinar sus propios límites. Además de otros temas como. El uso del condón con método de prevención; el método del ritmo como prevención del embarazo, enfermedades de ETS. Y SIDA; y de cómo buscar ayuda en situaciones difíciles que se puedan presentar en la vivencia de su sexualidad. Es recomendable que el docente que aborde este módulo maneje los temas de una manera innovadora, entretenida, sin prejuicios ni tabúes lo más importante es que, los alumnos logren identificar los comportamientos de riesgo y de los que les van a permitir vivir una sexualidad saludable.

TEMA   : CONSTRUYENDO MI HISTORIA

OBJETIVO   : Buscar que los alumnos se proyecten hacia el futuro y expresen sus sueños acerca de lo que aspiran alcanzar

ACTIVIDAD

SUGERIDA : Se les invita a motivarlos que en esta sesión les va a permitir ayudarlos a proyectarse al futuro y poder construir su propia historia, para lo cual se les dice que se pongan lo más cómodos posible para relajarse y con la ayuda de una música suave se inicia la relajación, luego que están con los ojos cerrados se les pide que se imaginen su futuro a mediano plazo viajando desde su edad actual pasando por las edades de los 17,18 hasta llegar a los 22 años de edad, este es un futuro lindo e ideal, el que quieres. Se les puede monitorear diciéndoles lo siguiente:

.tienes 15 años: ¿En dónde estás?, ¿quiénes te rodean?, ¿cómo eres?

. ahora tienes 16 años. ¿En dónde estás?, ¿con quién es?

.Ya cumpliste 18 ¡Estás celebrando un logro importante!, ¿con quienes estás?

. Tienes 20 años, ¿con quién es vives?, ¿cómo te ves?, ¿en qué empleas tu tiempo?

. ahora tienes 22años, ¿qué nuevos retos tienes ahora?, ¿con quienes los compartes?, ¿qué personas nuevas te rodean?, ¿quiénes ya no están a tu lado?, ¿trabajas?, ¡estudias?, ¿dónde?, ¿qué haces en tu trabajo?, ¿tienes pareja, te casaste?¿tienes hijos? Etc.

Después se termina con la imaginación y se vuelve al tiempo actual se les pide que en una hoja traten de plasmar lo imaginado y que en su casa lo terminen de completar.

En una segunda sesión se les invita con la ayuda de su hoja trabajada anteriormente a que elaboren su proyecto de vida teniendo en cuenta la edad, las metas, y actividades, las cualidades que tienen y las que le faltan además de los valores que van a respaldar su vida. Finalizando la sesión con una reflexión de cómo se han sentido al tener un proyecto y convertirse en los propios autores de su historia.

TEMA : <u>RUMBO AL AUTOGOBIERNO</u>

OBJETIVO : lograr que cada alumno pueda ir asumiendo las riendas de sus vidas

ACTIVIDAD

SUGERIDA : Se les invita a formar un círculo y que miren todo lo trabajado hasta el momento y reflexionar sobre algunas preguntas que los va a ayudar en esta sesión:

-¿de qué manera todo lo trabajado te puede servir para asumir las riendas de tu vida?

-¿qué aspectos debes tomar en cuenta para tener el control de tu vida'?

-¿qué entienden por autogobierno?

-   ¿de qué manera puedo ir asumiendo el control de mi vida? Luego de   reflexionar se les pide que en una hoja elaboren **"el acta de mi vida"** en donde especificarán la forma en que de ahora en adelante vivirán y convivirán de manera responsable buscando siempre la salud y bienestar individual y colectivo. Finalmente, y en forma voluntaria podrán leer y compartir con sus compañeros su acta de vida. Para cerrar la sesión con un diálogo abierto de cómo se han sentido, que han aprendido cuanto han cambiado desde que iniciaron el proyecto hasta el momento final.

Lima 09. 09. 07

Proyecto elaborado por:

Mg. Eduardo Yépez Oliva

Lic. Psicología